本书编辑委员会

主　　任： 王力军
副 主 任： 戚迎春　李　军　杨　丹
委　　员（按姓氏笔画排序）：
王福生　陈　超　林　磊　於　照　徐爱军
黄勉免　童肖鹭
主　　编： 鲍亦程

展览策划委员会

展览策划： 李　军
展览统筹： 陈　超
内容设计： 鲍亦程　何毓峰　叶俊士
形式设计： 陈　超　周　嫣　蒋　赟　李安宁
文物统筹： 童肖鹭　鲍亦程　柴士清　佟　丽　庞　厦
文物保护： 马　涛　林君浩
摄　　影： 李安宁
照明设计： 陆孝荣

国之祀典

清代宁波府孔庙祭祀礼乐器

宁波博物馆 编

宁波出版社
NINGBO PUBLISHING HOUSE

图书在版编目（CIP）数据

国之祀典：清代宁波府孔庙祭祀礼乐器 / 宁波博物馆编 . —
宁波：宁波出版社，2019.9
ISBN 978-7-5526-3399-3

Ⅰ . ①国… Ⅱ . ①宁… Ⅲ . ①孔庙—祭礼—古乐器—研究—
宁波—清代 Ⅳ . ① K892.98

中国版本图书馆 CIP 数据核字（2018）第 262813 号

国之祀典：清代宁波府孔庙祭祀礼乐器

宁波博物馆 编

责任编辑 王 苏 俞静娴
责任校对 虞姬颖
装帧设计 原色太阳
出版发行 宁波出版社
（宁波市甬江大道 1 号宁波书城 8 号楼 6 楼）
印 刷 宁波白云印刷有限公司
开 本 787 毫米 ×1092 毫米 1/16
印 张 11.25
字 数 100 千
版 次 2019 年 9 月第 1 版
印 次 2019 年 9 月第 1 次印刷
标准书号 ISBN 978-7-5526-3399-3
定 价 198.00 元

序

宁波，古称明州，作为河姆渡文化的发祥地、中国大运河南端出海口、海上丝绸之路的核心港口，不仅是一个举世闻名的国际海港商贸城市，更是一个人文积淀丰厚的国家级历史文化名城。

周元王三年（前473），于越人在姚江畔建造了宁波历史上第一座城市句章。秦统一后开始于此设县管理。唐武德四年（621）设置鄞州，这是宁波历史上建州的开始。唐开元二十六年（738）设置明州。唐长庆元年（821），明州刺史韩察将州治迁到三江口，并筑子城，标志着宁波于三江口建城之始。两千余年的城市发展不但为宁波留下了丰富的历史遗存，也积淀了灿烂的历史文化，形成了悠久绵长的浙东文脉。

文化的兴盛、文脉的延续离不开教育和学校。中国古代的教育往往是因庙设学、因学设庙，从而出现了“庙学合一”这一独特的文化现象。孔庙也因此成为中国古代培育人才最重要的场所。

宁波孔庙也不例外。按唐太宗贞观四年（630）颁布的“全国各州、县学皆作孔子庙”的诏令，明州自建州以来，州学内即设有孔庙。唐贞元四年（788），明州刺史王沐在州学内建大成殿，明州州学“庙学合一”的格局正式形成。北宋天禧二年（1018），明州知州李夷庚将州学孔庙迁建到州治的北侧，并造明伦堂、泮池，使整个州学、孔庙的建筑形制更加完备。此后近千年，宁波府学孔庙虽然几经重建，但是始终矗立在宁波城市的核心位置，培养了大批宁波籍巨儒，为浙东文化兴盛和宁波社会发展做出了巨大贡献，也成了深深烙印在宁波人身上的“文化基因”。

孔庙不仅是各地官学所在，更是祭祀孔子的场所，祭祀所用礼仪、祭品、音乐和舞蹈均有严格规定，为历代各级政府所重视。现在的宁波府学孔庙虽然仅剩遗址和个别建筑遗存，但幸运的是，孔庙内原先用于祭祀的大批礼乐器被作为重要文物，得到了妥善的保管，是目前国内罕见的一套较完整、成系列的收藏，成为我们现在了解、研究传统儒家祭祀仪礼和礼乐文化的最佳载体。

2008 年 12 月，宁波博物馆正式建成开馆，这批清代宁波府学孔庙的祭祀礼乐器也被移交至我馆收藏。近年来，我馆组织了大量人力物力对其进行清理、保护和研究，取得了丰硕的成果。为了更好、更全面地展示宁波博物馆的文物收藏和保护成果，积极响应习总书记传承中华优秀传统文化、弘扬儒家思想的号召，我馆筹备数年，策划了“国之祀典——清代宁波孔庙祭祀礼乐器展”，并将其作为“宁波博物馆纪念开馆 10 周年系列大展”之一，于 2018 年 6 月隆重推出，受到了社会各界和广大市民朋友的热烈欢迎。

宁波自古以来就有兴文重教的传统，历史上璀璨的浙东文化也曾对宁波的社会发展产生了巨大的促进作用。我们希冀通过这一展览唤起社会对传统文化的重视和对教育事业的关心，企盼悠久而厚重的浙东文脉再续辉煌！

宁波博物馆馆长　王力军

目　录

清代宁波府孔庙祭祀礼乐器综论

鲍亦程　叶俊士

全国保存基本完整的孔庙尚有几十所，但是完整流传下来的祭祀礼乐器却十分罕见，除了曲阜孔庙的收藏外，宁波博物馆藏清代宁波府孔庙祭祀礼乐器是最完整、最成体系、保存状况相对较好的一套。尤其难能可贵的是，经过专家测音，乐器部分的音准基本达到要求。因此，这套孔庙祭祀礼乐器对于研究、恢复古代孔庙祭祀仪式有着重要文物价值和学术价值。同时其铸造背景和流传经过也是宁波乃至中国近代历史的重要反映，有着一定的历史价值。

孔子创立的儒家学说以及在此基础上发展起来的儒家思想，对中华文明产生了深刻影响，是中国传统文化的重要组成部分。孔子去世后，门人弟子感其教化，设庙制礼，追思祭奠，成为孔庙开端。汉武帝时期“罢黜百家，独尊儒术”，开始把儒家学说奉为正统，并兴建太学，以儒家经学作为学校教育的基本内容，以“尊孔通经”作为选拔人才的主要标准。唐太宗贞观四年（630）又诏令州县学皆作孔子庙以敦行儒学，从此各州县大多在学宫旁边建立孔庙，初步形成“庙学合一”的形制，祭孔仪礼随之推行到各地。孔庙既是祭祀孔子的场所，也成了各地官学所在，兼具祭祀与教化的双重作用，成为国家重视文化教育的象征。

宁波孔庙亦是如此。唐开元二十六年（738），明州正式建置，明州州学也由此建立。贞元四年（788），州学内兴建大成殿，庙学合一的格局由此形成。之后历代宁波及下属各县都设有孔庙，并开办官学。宁波文脉绵延千年、浙东文化享誉世界与历代州（府）县学的兴盛密不可分。宁波博物馆收藏的清代宁波府孔庙祭祀礼乐器，无论是完整性、成套性还是保存情况，在国内同类收藏中都属罕见。对于它的研究和展示，不但有助于人们了解和研究古代孔庙祭祀礼仪，而且能引起人们对儒家文化和社会教育的重视，从而去粗取精、去伪存真，从中汲取养分，为中华民族伟大复兴提供力量。

（一）孔庙的起源和发展

1. 发端期——曲阜孔庙的建立

鲁哀公十六年（前479），孔子辞世，葬于鲁城（今曲阜）北泗上，鲁哀公亲自为孔子做诔，称其为“尼父”。当时，搬到孔子墓边居住的弟子及仰慕孔子的鲁人有一百多家，因此，当地又被称为“孔里”。此后，鲁人代代相传，以岁时奉祀孔子，儒生们则在墓侧讲论孔子倡导的乡饮酒礼、大射礼等。孔子生前居所后来变成了孔庙，成为孔氏家族祭祀祖先的家庙。据司马迁《史记·孔子世家》记载，“故所居堂弟子内，后世因庙藏孔子衣冠琴车书，至于汉二百余年不绝”[①]。这座孔庙即延续至今的曲阜孔庙[②]。

汉高祖十二年（前195），刘邦亲临曲阜，以太牢（猪、牛、羊）之礼祭祀孔子，并下

① 司马迁：《史记》卷四十七《孔子世家第十七》，中华书局，2011年，第1740页。

② 对于孔子故居改成孔庙的时间并无确切记载。曾亲自到曲阜考察的司马迁只是笼统地记载为“后世”。南宋绍兴四年(1134)，孔子四十七代孙孔传撰写《东家杂记》时，首次将立庙于旧宅的时间定在了孔子去世的第二年，即公元前478年，此后多从此说。

诏：诸侯、公、卿、将、相至郡，先谒庙而后上任，不但开启后世帝王祭孔之先河，也使地方长官上任前先谒孔庙后从政成为惯例。

东汉初年，光武帝刘秀途经山东，派大司空祭祀孔子，开皇帝派特使祭孔先例。

汉明帝永平二年（59），汉明帝下令“郡、县、道行乡饮酒于学校，皆祀圣师周公、孔子，牲以犬”[①]，规定地方各级学校都要祭祀孔子。永平十五年（72），汉明帝东巡过鲁，亲自到孔庙盛祀孔子及七十二弟子，并亲御讲堂，命皇太子、诸王说经，首开孔庙讲学之先河。此后汉章帝、汉安帝东巡时，皆依例到曲阜孔庙祭祀。

永兴元年（153），汉桓帝下诏修建孔庙，并“置山卒百产”，设守庙官，立碑刻记，明确孔庙功能，将春、秋两季祀典固定成章。

由于汉代多位皇帝的尊孔、祭孔，曲阜孔庙的属性开始从单纯家庙向国庙转化。

2. 发展期——京师孔庙的出现

自东汉明帝规定地方各级学校都要祭祀孔子之后，祭孔之举便流行开来，魏晋时期，皇帝或太子每通一经，便遣太常以太牢之礼祭祀孔子于辟雍。但是各级学校中并没有为孔子立庙，只是设置神位。永嘉之乱后，北方倾覆，晋室南迁，中国由统一再次走向分裂，皇帝到曲阜孔庙祭祀孔子显然不太容易，这反而促成了京师孔庙的建立。

东晋太元九年（384），孝武帝设国子学，“选公卿二千石子弟为生，增造庙屋一百五十五间”[②]，此庙即孔子庙。在京师国子学（太学）立孔庙也由此开端。

太元十一年（386），孝武帝封孔子后裔孔靖之为奉圣亭侯，“奉宣尼祀，立宣尼庙”[③]，在当时的首都建康为南渡的孔氏家族建了一座孔氏家庙以祭祀孔子。此后南梁和北魏、北齐、北周等朝均有在京师立孔庙。

3. 繁盛期——庙学合一，全面开花

隋朝统一全国后，大兴儒学教育，实行科举制度，为孔庙的全面繁盛奠定了基础。

唐朝建立后，更将儒家思想确定为治国安民的政治指导思想，大力推崇儒学。唐武德二年（619），唐高祖下诏国学立周公、孔子庙各一所，四时致祭，“庙学合一”成为定制。武德七年（624）时，唐高祖更是亲自到国子监举行释奠礼祭祀周公、孔子。

贞观二年（628），唐太宗下令改定学校祭祀制度，罢周公，以孔子为“先圣”，颜渊配享。贞观四年（630）又诏令全国各州县学皆作孔庙，自此孔庙第一次被推向全国

① 范晔：《后汉书》卷九十四《志第四·礼仪上》，中华书局，2007年，第928页。

② 沈约：《宋书·志第四·礼一》，中华书局，1999年，第246页。

③ 许嵩撰，张忱石点校：《建康实录》，中华书局，1985年，第283页。

各地，孔庙数量开始呈现几何级速度的增长，上到京师，下至各地方州县，乃至边疆都有孔庙分布。

此后历朝历代的各州（府）县学皆作孔庙成为惯例，只是各地孔庙建制沿革不一，且都带有各自的地域特色。据《世界孔子庙研究》一书统计，清代时全国有国子监、府学、州学、县学、厅学、乡学（撤县后，官学不撤，改称乡学）等各级官学孔庙1740多所。这类建在官学内的孔庙又被称为文庙，有国家制定的专门的祭祀礼仪，数量最为庞大。此外还有以曲阜孔庙和衢州南宗孔庙为代表的孔氏家庙，其由国家出资建造维护，为孔子长孙设置专门的奉祀爵位，制定祭祀制度，它不仅有家庙性质，还属于国立礼制庙宇。有些地方的热心士绅和私立书院也会募集资金建造孔庙，但这些都属于民间性质，并未列入国家祀典。各类孔庙加在一起，总数可达两千余所。

（二）孔庙祭祀概述

历史上孔庙定期祭祀的名目有释奠、释菜和行香礼。此外，不定期举行的还有京师国子监文庙的告祭和献功礼，曲阜孔庙的皇帝亲祭幸鲁、遣官致祭和遣官祭告礼。

释奠礼是孔庙最高规格的祭祀活动，历朝历代都非常重视。唐开元以前每年举行四次，开元之后改为春秋两次。祭祀级别也多有变动，唐代规定国子监孔庙祭祀级别为中祀，州县为小祀；北宋时诏令孔庙祭祀统一为中祀，南宋绍兴十年（1140）将国子监孔庙祭祀升为大祀，州县仍为中祀；明清时期又多次反复，嘉靖时期厘正孔庙祀典，恢复为中祀，此后直到光绪三十二年（1906）才再次升格为大祀。①

京师国子监的释奠礼通常由学官以皇帝名义致祭，有时由皇帝或者皇太子亲自主祭，地方学校则以当地最高行政长官主祭。

以清代为例，每年两次释奠定在仲春、仲秋的上丁，也就是夏历二月、八月的第一个丁日。正常情况下，省会府学孔庙以总督或巡抚为正献，以道员二人分献两序十二哲，以知府、同知各一人分献两庑；监司分驻的府学孔庙以监司为正献；其他府、州、县均以正职为正献，副职和属官为两序、两庑分献。祭祀时，在城的文武官员（省城是县丞和千总以上的所有在城文武官员）都要陪祭。祭祀前，承祭官、分献官和陪祀官致斋二日。前一天，打扫卫生，检查牺牲，正献官率领执事人员到学校练习礼仪，教官率领乐舞生练习舞蹈奏乐。鸡叫头遍，祭祀官员齐集致斋所，拂晓时分祭祀开始。整

① 大祀是国家祭祀的最高规格，指用猪、牛、羊三牲全备的太牢来祭祀，为帝王祭祀专用。中祀低一级，用诸侯、卿大夫所用的少牢礼（羊、猪）。

个祭祀过程包括更衣、启户、乐舞生就位、从祭人员就位、瘗毛血、迎神、初献、亚献、终献、撤馔、饮福受胙、瘗馔、送神、望燎、阖户等步骤。

祭祀所用器具主要包括摆放祭品的礼器（也称为祭器）和奏释奠乐章的乐器两部分。其中礼器主要有以下几种。

尊：盛酒器，有太尊、牺尊、象尊、山尊、雷尊、著尊、壶尊七种。

爵：饮酒器，分献爵、供爵、福爵三种。

登：盛放太羹（一种不加任何调味品的汤羹）。

铏：盛放和羹（肉和菜调制而成的汤羹）。

簠：盛放稻粱的器皿。

簋：盛放黍稷的器皿。

罍：盥洗用器皿，用来贮水。

俎：摆放猪、牛、羊的盘。

毛血碟：盛放毛血的器皿。

胙盘：盛放胙（即祭祀用的肉）的器皿。

柶：舀取食物的礼器，类似勺子。

明水瓶：盛放祭祀用的净水。

笾：盛放果实、干肉一类祭品的器皿。

豆：盛放食物的器皿。

篚：盛放丝帛、玉币等的器皿。

勺：舀酒器。

盥盘：承接盥洗弃水的器皿。

茅沙池：池中盛沙，求神时，酒灌入后渗进沙中，如为神所饮。

烛台：摆放蜡烛用。

燔炉：用以焚烧松柏木和祝文。

鼎：大鼎用来烹饪，小鼎用来焚香。

祝版：祭祀时粘贴祝文的方版，祭祀完毕后，祝文揭下烧掉。

鸾刀：刀环上带有铃，祭祀时用来割牲。

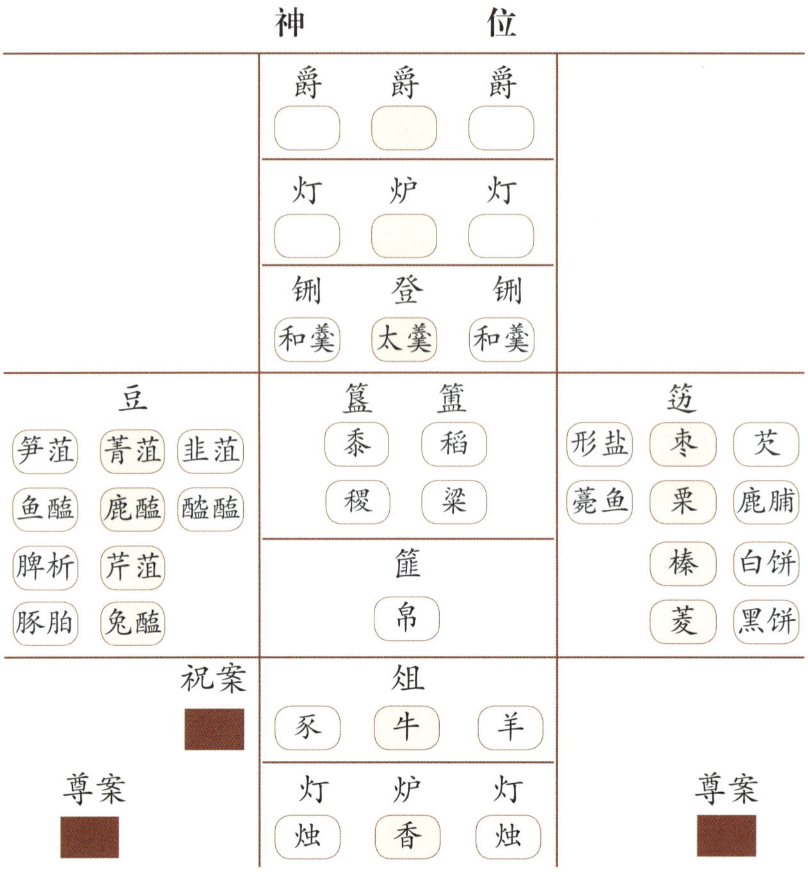

○清代孔庙释奠礼祭品陈设图（方框内为祭品，“灯”即烛台）

祭孔礼乐历代各有不同，所用乐器的数量规格、演奏的乐章都有变化。清顺治元年（1644）以来的孔庙祭祀基本继承了明代嘉靖改制之后的成果，乐器之数用诸侯级别，乐章也为六章，以“平”命名，取天下太平之意。分别是迎神奏咸平之章，奠帛、初献奏宁平之章，亚献奏安平之章，终献奏景平之章，撤馔奏成平之章，送神奏咸平之章。康熙年间，将这些孔庙祭祀乐章定名为《中和韶乐》。乾隆七年（1742），改为迎神奏昭平之章，奠帛、初献奏宣平之章，亚献奏秩平之章，终献奏叙平之章，撤馔奏懿平之章，送神奏德平之章。乾隆八年（1743），颁给曲阜及各府州县学专门的孔庙乐章。与国子学孔庙祭祀乐章相比，除歌词不一样外，其余完全相同。祭孔所用乐器统称为八音之器，即金、石、丝、竹、革、木、匏、土八类乐器，每类各有一种到数种乐器。这些乐器相互配合，才能演奏出美好动听的乐章，达到《尚书》中所谓“八音克谐，无相夺伦，神人以和”的境界。

八音乐器表

类别	乐器
金音	镈钟、编钟、登歌钟
石音	特磬、编磬、登歌磬
丝音	琴、瑟
竹音	凤箫(排箫)、篪、笛、洞箫
革音	鼓(包括鼍鼓、鼗鼓、应鼓、搏拊等)
木音	柷、敔
匏音	笙、竽
土音	埙

祭孔佾舞是在祭孔释奠礼中行列人数相等的舞蹈。依不同规格分八佾舞(64人)和六佾舞(36人)。清康熙时的释奠佾舞为六佾舞,共两套:一用于阙里及各府州县;一用于国学。佾舞舞蹈时,初献宣平之舞一成,亚献秩平之舞二成,终献叙平之舞三成。每乐章有四言八句歌词,合计96个字,舞蹈时一字一动作,随歌乐之始终,左右开合,皆有不同仪姿,集中表现出儒家思想的“礼”与“德”。

在释奠佾舞时,舞生手中持有两件器具:籥和翟。籥为竹制,形如笛,横管三孔、六孔或七孔,涂以红漆。舞生执之,根据乐歌做各种动作。翟以锦鸡尾制,下以木柄,柄涂红漆,刻龙首,饰以金彩,雉尾三根插于龙口之中。舞生执之,以听乐歌做动作。

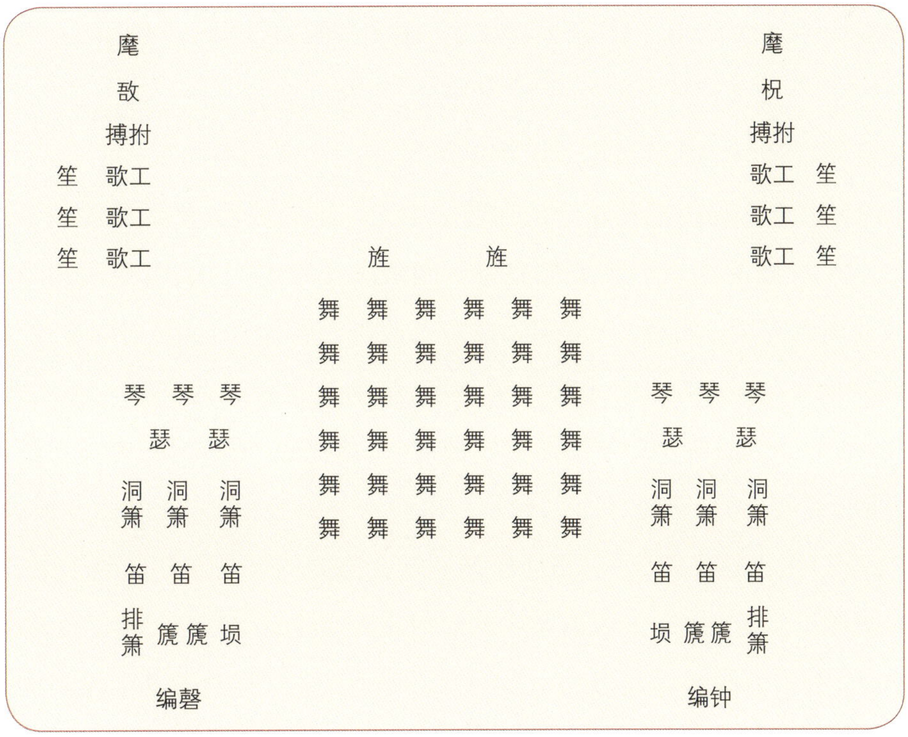

○清代释奠礼乐舞设位图(其中麾是指挥演奏的信号,不属于乐器)

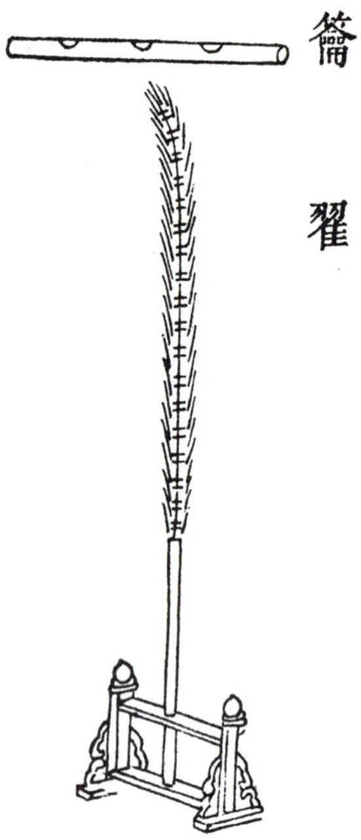

○籥、翟

○舞谱

凡执籥秉翟的舞生俱右手在外，左手在内，大指在内，四指在外，纵则如绳，横则如衡。两者为宣扬盛德，相辅相成。

（三）宁波博物馆孔庙祭祀礼乐器收藏情况及价值

唐开元二十六年（738），明州正式建置，明州州学随之建立，按唐太宗贞观四年（630）颁布的“全国各州县学皆作孔庙”的诏令，当时即应有孔庙。唐贞元四年（788），明州刺史王沐在州学内建大成殿，明州州学“学庙合一”的格局正式形成。北宋天禧二年（1018），太守李夷庚把孔庙迁建在现今中山广场的位置，殿后造明伦堂，前后泮池，整个州学、孔庙的建筑形制更加完备。南宋庆元元年（1195），改明州为庆元府，州学亦改为庆元府学。元至元十四年（1277），改庆元府为庆元路，府学亦改为庆元路学。明洪武元年（1368），改庆元路为明州府，路学又重新改为府学。明洪武十四年（1381）改明州为宁波，明州府学即改称宁波府学，清代也一直沿用，并多次翻新重建。民国初，废府置道，撤销宁波、绍兴、台州三个府合并成会稽道，府学因此被废。民国十六年（1927）为兴建中山公园，将原宁波府学孔庙内的文昌阁移建到中山公园内为藏书楼。民国十八年（1929），改府学内的旧射圃为市立运动场。次年，除大成殿改为古物陈列所，教谕署改为场员办公室及尊经阁遗存外，原府学内其余设施均拆除，变卖旧材以充运动场建设之经费。民国二十四年（1935），尊经阁迁往天一阁后，原府学旧址一直为市体育场，直到1997年改建为中山广场。

虽然由于改建，原来的宁波府学只剩尊经阁、文昌阁（现称逸仙楼）两座建筑保存至今，但是因为在改建过程中将大成殿作为古物陈列所，有意识地将原宁波府学内收藏的器物作为文物保管起来，所以当时孔庙中的祭祀礼乐器得到了妥善保管。大成殿拆除后，原先陈列的文物也被迁往天一阁保管。2008年，宁波博物馆正式建成开馆，这批清代宁波府学的祭祀礼乐器也被移交至宁波博物馆收藏至今。

经过核对，目前宁波博物馆藏清代宁波府孔庙祭祀礼乐器共240件，大多数带有铭文，基本为同治十二年（1873）制作，只有部分竹木乐器为光绪时期制作。其中礼器有尊、爵、铏、簠、簋、登、炉、鼎、勺、罐、洗、烛台、毛血碟、茅沙池、笾、篚、豆等177件，乐器有金音（镈钟，编钟）、石音（编磬、特磬）、丝音（琴、瑟）、竹音（排箫、洞箫、篪、龙笛）、匏音（笙）、土音（埙）共六音63件。这批礼乐器不但具有重要的文物价值，而且能生动反映宁波的近代历史发展，更对当下宁波的社会文化建设有所裨益。

1. 文物价值

考察国内同类收藏，最重要、数量最多的莫过于曲阜孔庙所藏孔庙祭祀礼乐器。因为数量庞大，年代久远，确切的数量目前还没有统计出来。除了曲阜孔庙之外，比较成系统收藏的还有北京孔庙和国子监博物馆、湖南省博物馆、兖州博物馆和宁波博物馆四家。

其中就礼器而言，北京孔庙和国子监博物馆有簋、簠、豆、爵、铏、尊、登、炉、蜡扦台9种，年代最早的为乾隆时期，材质以青铜为主，另有漆绘木簋、金绘木簠、漆绘木豆以及瓷豆、瓷盘、瓷爵。济宁兖州博物馆则有豆、盘、簠、爵、鼎、铏6种，年代基本都为明代成化年间，材质全为青铜。

宁波博物馆藏有尊、爵、铏、簠、簋、登、炉、鼎、勺、罐、洗、烛台、毛血碟、茅沙池、笾、篚、豆等礼器17种，年代主要为清同治十二年（1873），材质以青铜为主，另有朱漆木胎竹笾、朱漆描金木豆、竹编篚。

就乐器而言，宁波博物馆藏种类最为丰富，具体收藏情况对比如下表。

国内孔庙祭祀乐器收藏对比一览表

类别 馆藏地	金音	石音	丝音	竹音	革音	木音	匏音	土音
北京孔庙	编钟 镈钟 镛钟	特磬	琴 瑟	—	大鼓 应鼓 搏附鼓	柷 敔	—	—
湖南省博物馆	编钟 特钟	—	—	—	—	—	—	—
兖州博物馆	镈钟	编磬	—	—	—	—	—	—
宁波博物馆	镈钟 编钟	编磬 特磬	琴 瑟	排箫 洞箫 篪 龙笛	—	—	笙	埙

通过以上几家博物馆孔庙祭祀礼乐器收藏的对比，我们可以清楚地看到宁波博物馆藏清代宁波府孔庙祭祀礼乐器是国内除曲阜孔庙外，最为完整、最成体系的一套，其文物价值重大。虽然年代较晚，但是这批礼乐器种类齐全，其中礼器有 17 种，基本囊括了祭孔所用 23 种礼器中的主要类型，乐器除了革音、木音之外，其他六音齐全，而且种类丰富，尤其是竹音、匏音、土音为独有。

2. 历史价值

自北宋天禧二年（1018）迁建至宁波府衙署西北处，到民国时期被拆除改建为体育场，九百多年的历史中，宁波府学孔庙虽然几经翻修重建，但是位置从未移动过，一直牢牢地矗立在宁波城市的最核心地带，见证着宁波历史的发展。据修于清雍正八年至九年（1730—1731）的《宁波府志》[①] 记载，当时的宁波府学和孔庙由知府曹秉仁主持翻修，各级官员捐献俸禄，修成后建筑辉煌弘丽，“为诸郡之冠”，而且祭祀用的礼乐器种类完备，数量颇多，其中礼器当时尚存近 500 件，加上官员捐赠的锡器、竹笾、木豆，总数已有近 900 件之多。乐器也是八音齐全。按常理推断，这些礼乐器经过长年的使用，出现破损、丢失是很自然的，因此各处孔庙都会根据需要时常添补。但是宁波府孔庙使用的这批雍正年间的礼乐器仅仅过了一百五十多年就完全弃之不用，并在同治十二年（1873）统一新铸了一批。这种情况在古代并不多见，其背后必然有其特殊的历史原因[②]。

① 这也是中华人民共和国成立前修的最后一部《宁波府志》。

② 以曲阜孔庙为例，其现存礼乐器时代分布较广，同一时间成批量铸造的十分少见。历史上除了皇帝成批御赐之外，元世祖至元三十一年(1294)曾恩准孔子第五十三代孙孔淑到江南打造过一批祭器。明武宗正德年间(1506—1521)，山东爆发农民起义导致曲阜孔庙礼器残毁，由兖州知府补造了一批。

考察清代同治前后宁波的社会历史发展，最有可能的原因是宁波府学孔庙中原先收藏使用的礼乐器已经在太平天国攻占宁波期间被毁或者遗失。1850 年末至 1851 年初，洪秀全等人在广西金田村发动反抗清政府的武装起义，建号“太平天国”，并于 1853 年 3 月攻下南京建立政权。1861 年，太平军第五次进攻浙江，并于当年年底接连攻克慈溪、镇海，占领宁波城达半年之久①。太平天国独尊上帝，斥佛、道诸神为妖，行军所至，寺庙、道观多遭破坏，对于中国传统文化的根基——儒学也是持完全否定的态度。洪秀全建都南京后宣布“凡一切孔孟诸子百家妖书邪说者尽行焚除，皆不准买卖藏读也”，对于传播儒家学说、祭祀孔子的各级官学、孔庙，也是大力禁毁。在其统治腹心的江苏地区，当地孔庙几乎毁于一旦。宁波被攻占后，也不例外。据光绪《慈溪县志》记载，慈溪县学孔庙的明伦堂及校官宅即毁于咸丰十一年（1861），当地的城隍庙、关帝殿等寺庙道观更是无一幸免。宁波城中的东林庵、水北阁、天宁寺、月湖书院等也在这一时期被毁。虽然在志书中并没有提到宁波府学和孔庙的命运，但是显然也没能逃过这一劫难。尤其是孔庙内收藏的大批祭祀礼乐器，绝大部分为青铜铸造，是战争中紧缺的战略物资，太平军将士更是不会放过。

清政府平定太平天国之乱后，努力恢复社会秩序，励志图新，一方面开展洋务运动，一方面试图重建传统文化，复兴儒家价值观念及其制度，形成了短暂的“同治中兴”（1862—1874）局面。其中一项重要的复兴举措就是大力修复、兴建书院。据统计，整个同治十三年期间，全国光新建的书院就有 366 所，各级官学更是着力恢复，朝廷在经费上予以保障。同治二年（1863），清政府下令各省督抚清理书院财产，恢复旧有书院，将原来被挪为军费的各级官学办学经费、田产等重新置办完整，同时也鼓励号召民间士绅捐资助学。宁波府学之所以能在同治十二年（1873）重铸整套祭祀礼乐器，与这一大的历史背景密切相关。

浙江是太平天国后期的重要根据地，而宁波是整个太平天国运动期间太平军攻占的唯一港口城市。因宁波地近上海，攻占宁波使太平军对外国殖民者造成了巨大威胁。这一时期，太平军、外国殖民者、清政府以及本地士绅百姓等各方势力汇集于此②，对宁波乃至中国近代历史的发展产生了极大的影响。同时，“同治中兴”也是晚清历史上的最后一次“回光返照”，从一定意义上说改变了整个中国近代历史的走向。

---

① 太平军在整个浙江省的统治达四年之久，对当时浙江的社会、经济、文化产生了重要影响。

② 清军曾招募外国人组成洋枪队协助围剿太平军，其副将美国人华尔在1862年9月进攻慈溪时毙命。

宁波博物馆藏的这批同治十二年宁波府孔庙祭祀礼乐器正是这一段宁波历史和中国历史的见证，具有重要的历史价值。

3. 社会文化价值

孔子作为中国古代最重要的思想家、教育家，儒家学派的创始人，已经成为中国传统文化的重要象征，对孔子的祭祀活动是古代中国祀典的重要组成部分，形成了完整的祭祀体系，两千多年来长盛不衰，是我国重要的国家级非物质文化遗产，并深刻影响了日本、韩国等周边国家。如韩国早在 992 年就按照中国礼制，在京都开城设立国子监，并在国子监内建立文宣王庙。李氏朝鲜太祖李成桂于 1387 年在汉城（即今首尔）设立成均馆，并按宋代的样式兴建孔庙，同时下诏，各州、府、郡、县仿汉城之制修建孔庙，建立了以中央官学成均馆为中心、辐射全国的“庙学合一”体系，至今仍在规范有序地运行。现在韩国首尔的成均馆每年春秋都会举行隆重的释奠祭，祭奠孔子及其弟子以及韩国的儒学大师。在日本和东南亚也有大量孔庙存在。日本长崎孔庙位于长崎大浦町，建于 1893 年，由当地华侨出资建成。其格局和国内的孔庙出于一式，大殿里的全套祭器都按曲阜孔庙复制而来。

孔庙作为古代“庙学合一”的神圣场所，在里面举办祭祀孔子的典礼，不但象征着对孔子、对儒家文化的崇奉，更表明了社会对教育的重视，对文化的尊重。

具体到宁波来说，明州州学自建立后，几经兴废，至宋代发展鼎盛，尤其是北宋时期，以“庆历五先生”为代表的一批儒学大家投身教育，开启了宁波文化发展的全新历史阶段。南宋时期，宁波各处学风大开，科举成就到达顶峰，铸就了宁波文化教育的自信。正是因为教育事业的不断发展，宁波的文化有了长足进步，形成了历史上知名的“浙东学派”，并享有“浙东邹鲁”的美誉。宁波博物馆藏清代宁波府孔庙祭祀礼乐器可以为研究、恢复古代宁波地区乃至国内孔庙祭祀礼提供重要依据，更有助于接续浙东文脉，传承中华优秀传统文化，唤起人们对儒家文化和社会教育的重视，具有不可忽视的重要社会文化价值。

（四）结语

传承千年的宁波官学孔庙现在只残存遗迹和两座建筑，但幸运的是，原藏于孔庙中的祭祀礼乐器基本上被完整地保留了下来。全国保存基本完整的孔庙尚有几十所，但是完整流传下来的祭祀礼乐器却十分罕见，除了曲阜孔庙的收藏外，宁波博物馆藏清代宁波府孔庙祭祀礼乐器是最完整、最成体系、保存状况相对较好的一套。尤其难能可贵的是，经过专家测音，乐器部分的音准基本达到要求。因此，这套孔庙祭祀礼乐器对于研究、恢复古代孔庙祭祀仪式有着重要文物价值和学术价值。同时其铸造背景和流传经过也是宁波乃至中国近代历史的重要反映，有着一定的历史价值。

孔子创立的儒家学说以及在此基础上发展起来的儒家思想，是中国传统文化的重要组成部分。对于孔子的祭祀活动不但象征着对孔子、对儒家文化的崇奉，更表明了社会对教育的重视，对文化的尊重。宁波博物馆藏清代宁波府孔庙祭祀礼乐器生动地体现了宁波重视传统文化、重视社会教育的优良风气。在构建社会主义和谐社会，实现中华民族伟大复兴的今天，更应响应习总书记的号召，对传统文化中适合于调理社会关系和鼓励人们向上向善的内容，要结合时代特征加以继承和发扬，赋予其新的含义，让中华优秀传统文化同世界各民族优秀文化一道造福人类！

宁波州（府）县孔庙的兴盛

唐代统治者主张崇儒兴学，重视教育。唐开元二十六年（738），始设明州，明州州学由此建立。贞元四年（788），州学内兴建大成殿，『庙学合一』的格局由此形成。州学建立后，鄞县、象山、奉化三县县学也陆续建立。之后历代，宁波及各县都设有孔庙，并开办官学。

宁波州（府）学孔庙

宁波官学始于唐。唐开元二十六年（738），始置明州，遂立学。唐贞元四年（788），刺史王沐在州学内建大成殿，经历了“先学后庙”“庙学合一”的过程。

宋时州学，殿后造明伦堂，前浚泮池，规模初具。州学设教授一人。据清雍正《宁波府志》记载，宋代教授早先为楼郁。

明时，府学设教授一人，训导四人。生员额始廪生四十人，后士子日盛，复取增广生四十人，附学生若干人。

清时，府学设教授一人，训导一至二人。康熙元年（1662）裁训导，康熙十五年（1676）复设，学额二十六人。

民国十六年（1927）建中山公园，将宁波府学孔庙内“文昌阁”移建公园内为藏书楼，1988 年中山公园扩建后，为纪念孙中山而被更名为“逸仙楼”。

民国十八年（1929），以旧射圃为市立运动场。次年，除大成殿（在体育场内，作为古物陈列所）、国术馆（作为场员办公室）、教谕署（作为场员办公室）及尊经阁外，其余建筑均拆除，变卖旧材以充运动场建设之经费。

民国二十四年（1935），尊经阁迁至天一阁藏书楼后，宁波府学孔庙改建为公共体育场。

1960 年前后，大成殿被拆除。

○宁波府学孔庙大成殿（约 1870 年）

○宁波府学孔庙大成殿（民国初年）

○宁波府学孔庙的文昌阁（约1870年，于大桥街从北向南拍摄，左边高墙边主建筑是宁波府学孔庙内的文昌阁）

○今宁波中山公园逸仙楼

○宁波府学孔庙的尊经阁

○今天一阁内之尊经阁

1997年，宁波市文物考古研究所为配合中山广场建设，对解放北路体育场内宁波孔庙遗址进行了抢救性考古发掘，确定了宋代宁波孔庙的位置、范围，为研究宋时孔庙的规模、构建工艺提供了实物资料。嗣后将重要的大成殿和泮池作填埋性现场保护。

○宁波府孔庙的泮池

○大成殿台基、廊沿、月台之布局

○泮池

○孔庙遗址发掘现场

鄞县县学孔庙

唐宪宗元和九年(814),鄞县孔庙建于县之东。

宋庆历八年(1048),王安石以鄞县孔庙为学宫,延请名师,教养弟子。鄞县县学孔庙历经“先庙后学”“庙学合一”的发展历程。建炎四年(1130),文庙为金兵所毁。嘉定十三年(1220),因文庙旧址低湿狭小,丞相史弥远命太守俞建相地择所重建,建先圣殿奉祀孔子,春秋行释奠礼。宝庆二年(1226),太守胡榘率里士扩建县学孔庙,建养正堂,观善、辨志、习说、敬业四斋。后屡圮屡修。

清代,鄞县县学孔庙由棂星门、泮池、大成殿、文昌阁、明伦堂以及棂星门外的文峰、砚池等建筑组成。

民国初年,废除鄞县县学,将孔庙大成殿以东的教谕训导署及明伦堂等改设为“鄞县教育会”。

1949年后,鄞县县学孔庙遗址全部划归宁波市第一医院所有。20世纪60年代,大成殿作为医院职工食堂。

1979年,医院大规模改建,大成殿及所存古建筑全部拆毁,仅存一道“棂星门”留存至今。

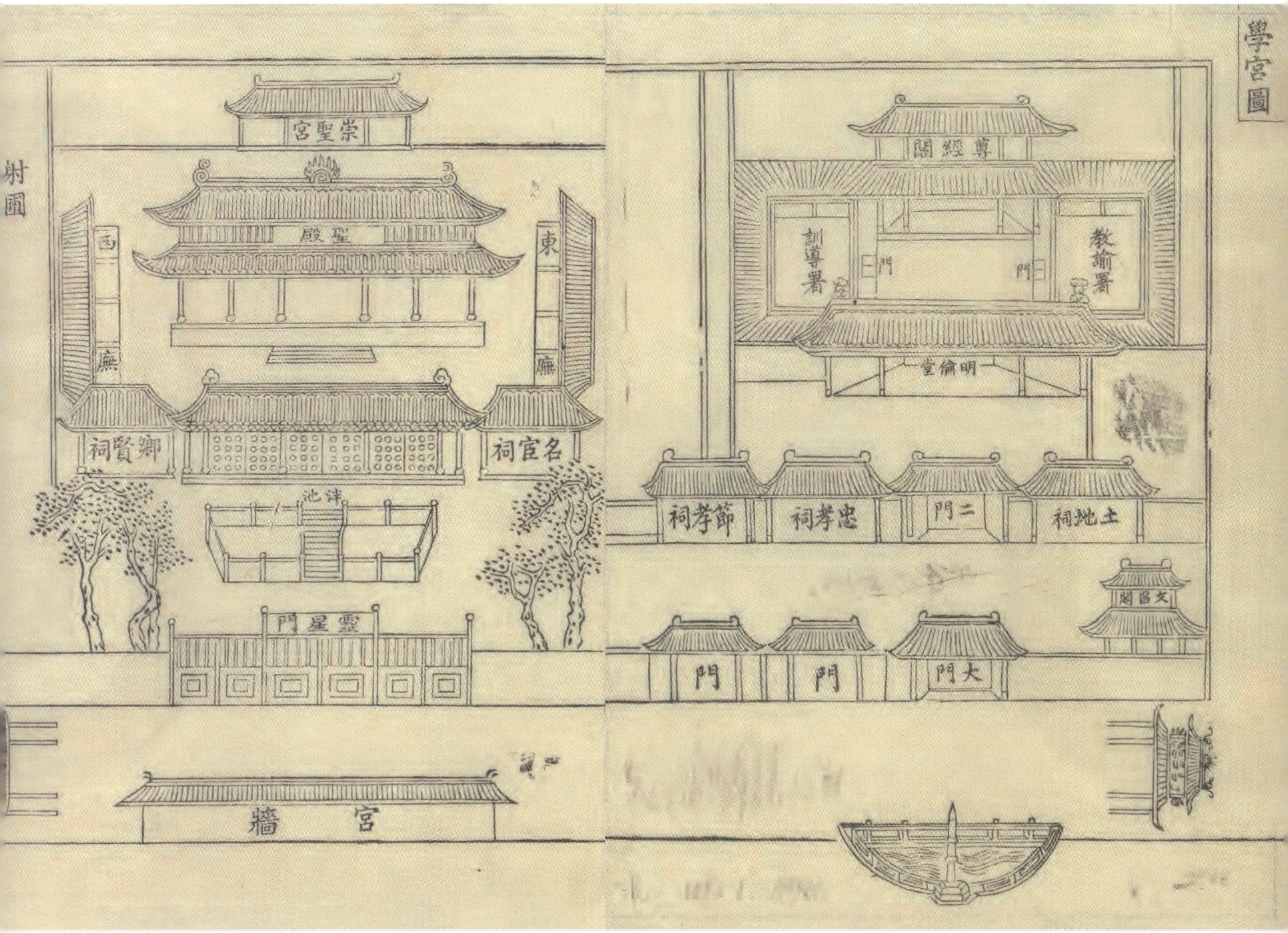

○鄞县学宫图

○鄞县县学孔庙的文笔塔(20世纪60年代)

○鄞县县学孔庙遗留的棂星门(20世纪90年代)

慈溪县学孔庙

光绪《慈溪县志》记载，北宋雍熙元年（984），县令李昭文为培育治国人才，建县学于县西四十步。庆历八年（1048），县令林肇徙建于县治之东南一里，请王安石撰《慈溪县建学记》，并贻书招邑人宿学杜醇为诸生师。经历代战乱沧桑，慈溪县学孔庙屡有兴废，经毁圮、建复和增扩，逐渐形成现在的规模。

慈溪文庙现存建筑30多座，建筑面积1886平方米，大多为清中晚期所建。其形制为前庙后学式。纵向分为东、西、中三路：中路前部为棂星门、泮池及桥、大成门及耳房、大成殿及两庑，后部为明伦堂、梯云亭及两厢；西路前部依次有节孝祠坊、节孝祠门、节孝祠、忠义孝悌祠、名宦乡贤祠等建筑，后部为训导署和训导内宅；东路前部依次为儒学门（上层为魁星阁）、文昌祠、宰牲所、土地祠和崇圣祠，后部为教谕署与教谕内宅。

○慈溪县学孔庙泮桥

○慈溪县学孔庙

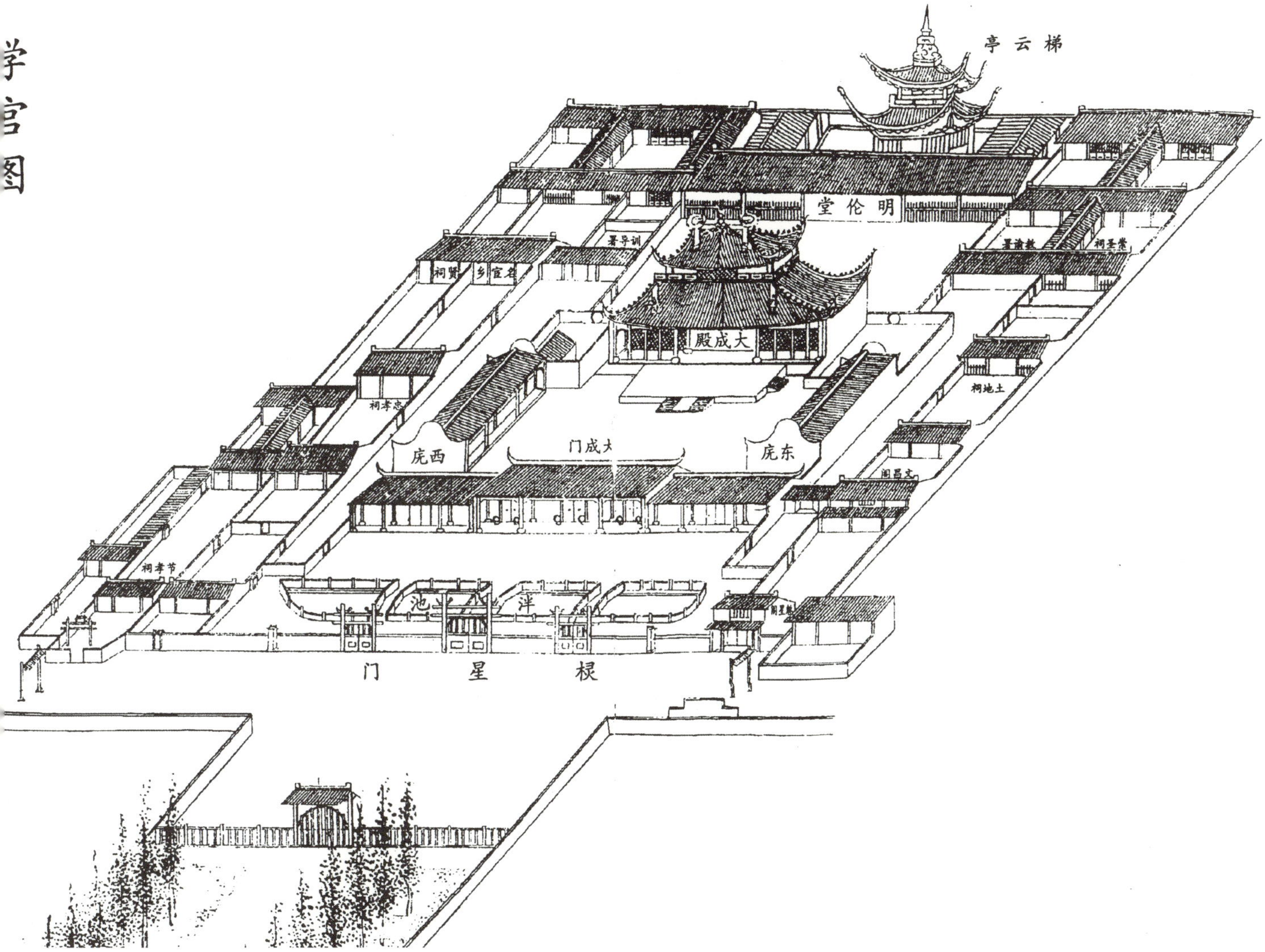
学宫图
梯云亭
明伦堂
训导署
名宦
乡贤祠
大成殿
教谕署
崇圣祠
土地祠
忠孝祠
西庑
大成门
东庑
文昌阁
节孝祠
泮池
棂星门

○慈溪县学学宫图

镇海县学孔庙

镇海县学孔庙位于今镇海中学内，现存大成殿、大成门、泮池、砚池。

县学最先建于县东，宋雍熙二年（985），主簿李齐在县学建孔圣殿，自此形成“庙学合一”的格局。建炎四年（1130），文庙毁于金兵。绍兴间（1131—1162），县令章汝翼改建于县东北。庆元初（1195—1200），县令韩元德复建大成殿，历时三年方才落成。明伦堂久圮，县令商逸卿重修之。嘉定间（1208—1224），县令崔端学创立四斋以及两庑、廪库，垒石为泮桥，在桥外设重门。历元明清，文庙屡圮屡修。民国二十六年（1937），邑人捐资落架重修，改为钢筋混凝土结构，占地面积580平方米，坐北朝南，面阔五间单层，进深四柱九檩四周廊，为五架前后双步梁结构，重檐歇山顶，朱椽青筒瓦。

○镇海县学孔庙

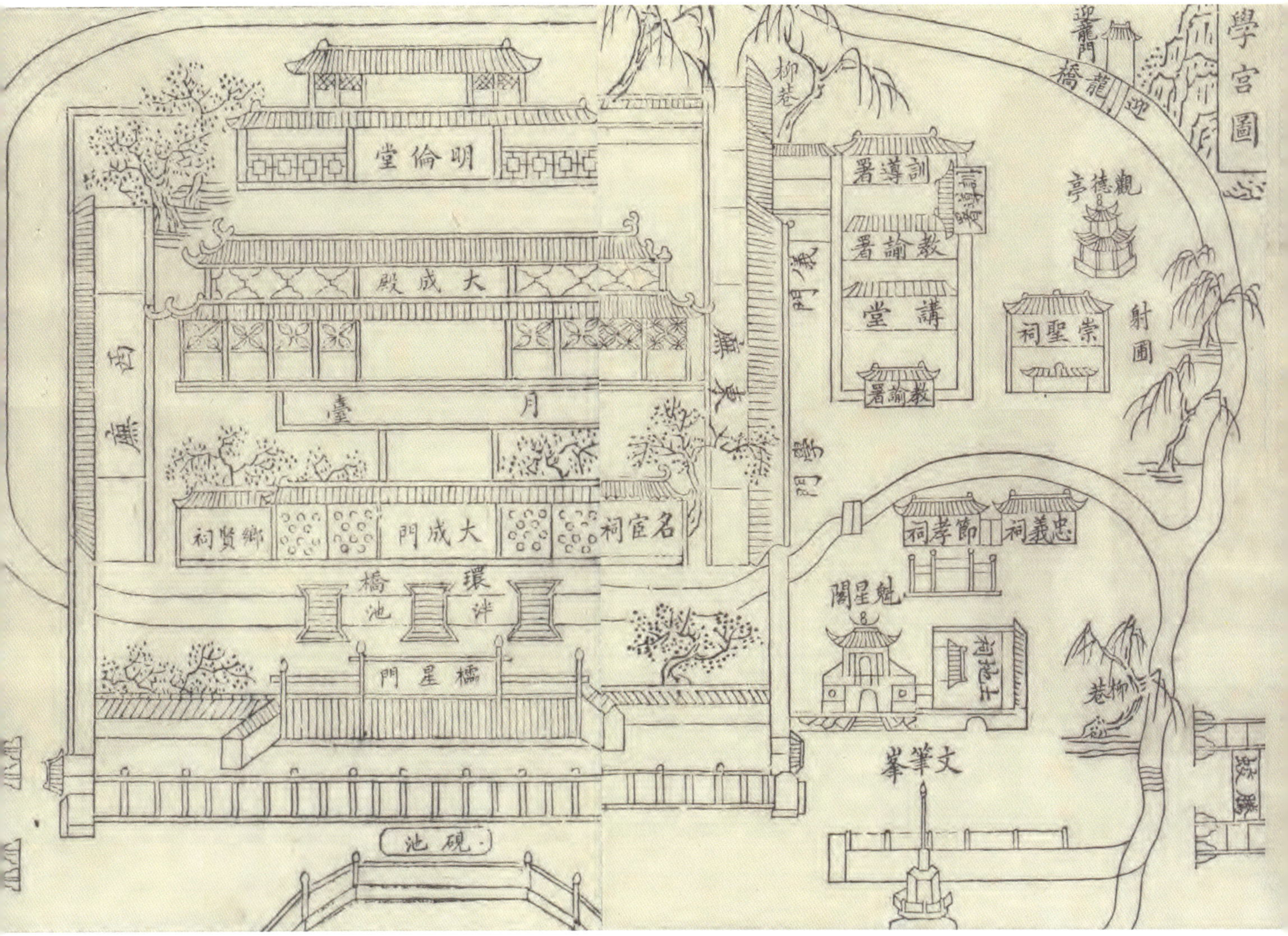

○镇海县学学宫图

○镇海县学孔庙

○镇海县学文笔塔

奉化县学孔庙

奉化县学孔庙今只剩下孔圣殿（即大成殿，重修于清咸丰八年，1858 年）和泮池、跨鳌桥，位于锦屏街道红墙里。

唐开元中（713—741），奉化县按常规设立孔庙而未有学宫，故地在锦屏山东麓。宋景祐间（1034—1038），县令于房始立学宫。治平（1064—1067）初，县令裴士尧徙于今址，后屡圮屡修。元至元间（1264—1294），县令丁济在殿西建祝寿殿，建养正堂作为小学，王应麟作诗记其事。又建“参前”“觉后”二亭，太学博士陈著为之记。明宣德中（1426—1435），县令周铨迁明伦堂，并加以扩建，又建东西二楼，旁设二斋，又于斋后增修号舍，作为诸生藏修之所，闽人陈山为之记。嘉靖八年（1529），县令陈镐重修先师庙，建圣谟阁、敬一亭、祠斋、棂星门。外置田四亩，凿池引水，环注泮宫，王应鹏为之记。嘉靖三十三年（1554），县令萧万斛重建名宦、乡贤二祠及射圃亭，修泮池，改东西坊曰“兴贤”“登俊”。

○奉化县学孔圣殿

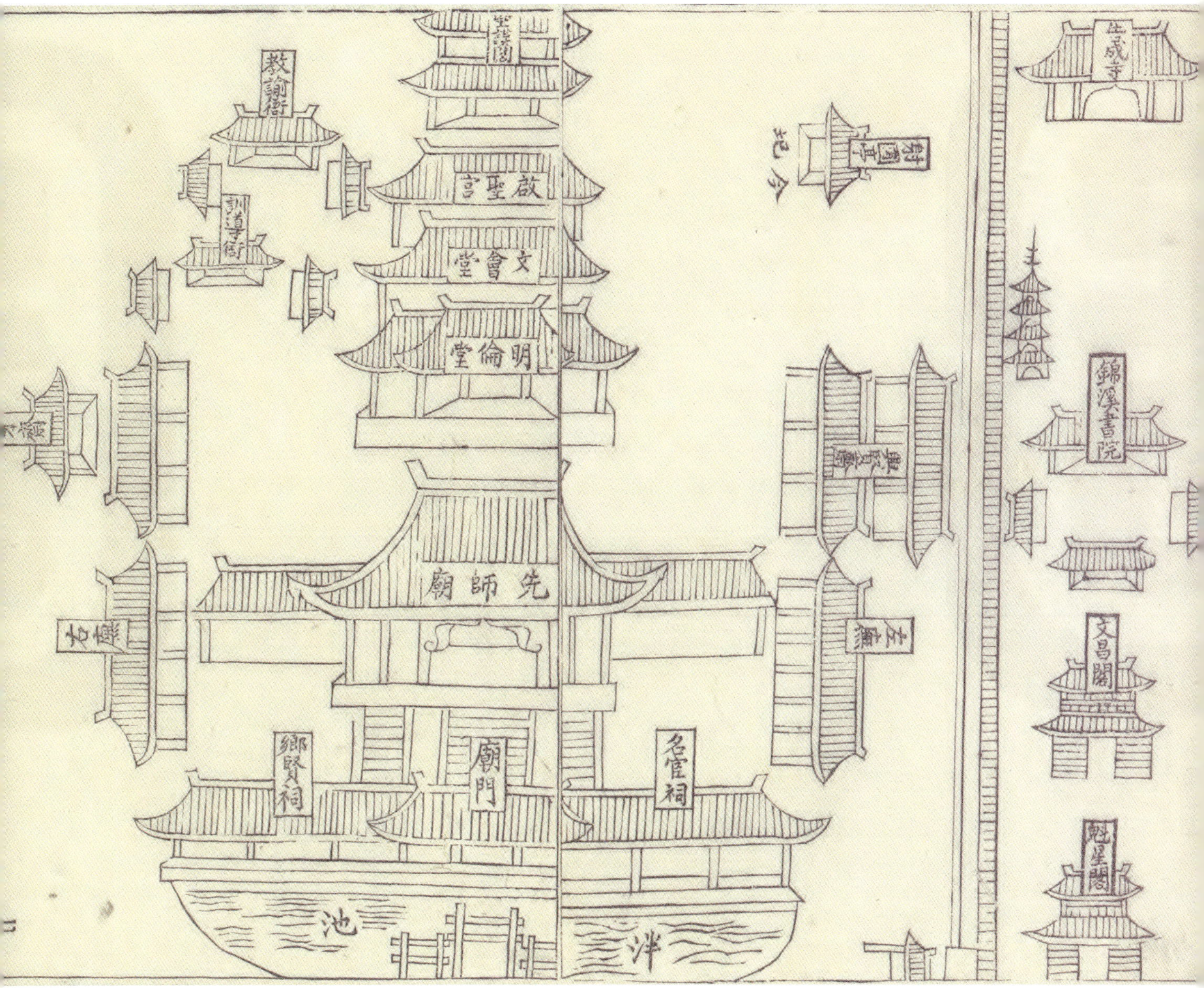

○奉化县学学宫图

象山县学孔庙

象山县学孔庙现已不存。宝庆《四明志·象山县志·叙县·学校》载:“至圣文宣王庙与学同建于唐会昌六年(846),在县东南一百步。”宋嘉祐中(1056—1063),县令顾方修修缮讲肆。治平中(1064—1067),县令林旦重修。建炎四年(1130),文庙毁于金兵。隆兴元年(1163),县令胡琦重建。嘉定十一年(1218),县令赵善晋重修大成殿。咸淳四年(1268),县令陈复明重建明伦堂、左右序、先贤祠,第二年复建大成殿,并修缮四斋、两庑。自元至明,文庙屡修屡圮。明成化间(1465—1487),县令凌傅扩大文庙之规模。嘉靖二十九年(1550),县令毛德京大修,教谕杨继宗捐俸建礼门,辟泮池跨以桥。万历二十三年(1595),县令周官偕诸生捐俸,买市楼并基,撤为空地,前建三桥。

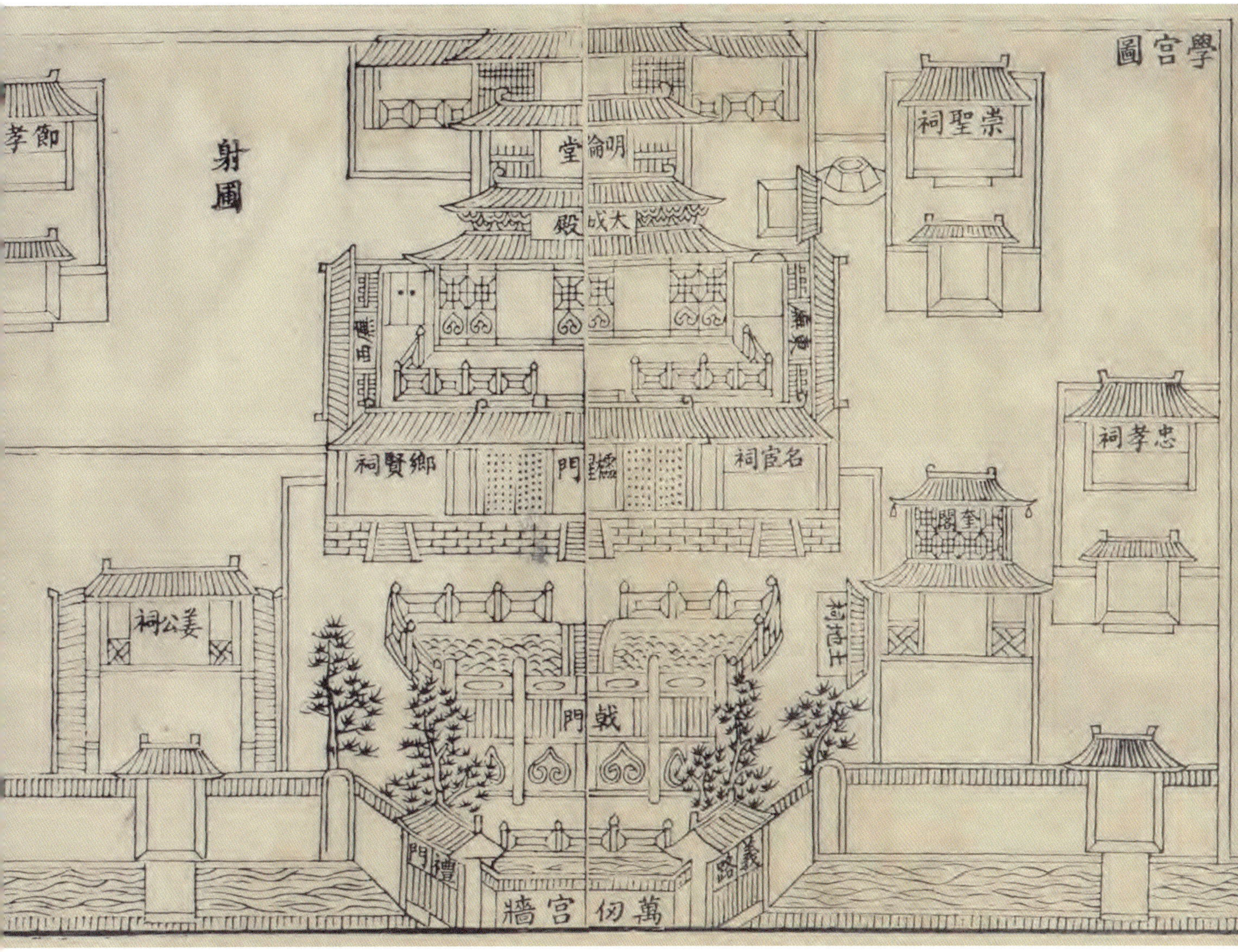

○象山县学学宫图

余姚县学孔庙

余姚县学孔庙位于今余姚市实验小学东首。宋庆历七年（1047），县令谢景初兴建文庙，规模尚小。到元丰元年（1078），邑人将仕郎莫当用私财买地，与县令黄铸移文庙于县治东南一百五十步，开四衢于左右前后。在文庙前凿泮池，东建棂星桥，西邻直街建明伦坊。后文庙屡圮屡建，直到清光绪三十一年（1905）废科举时才完成它的历史使命。

800 多年来，余姚县学孔庙曾为“文献名邦”余姚培养出许多人才。今大殿等建筑不存，尚留泮桥。1985 年填河拓路时，此桥按原样迁到龙泉山北麓的青少年宫后面，作为一座旱桥保留下来。桥形为单孔石拱桥，净宽 2.68 米，桥栏外侧一面刻桥名“棂星桥”，另一面刻“巽水源流”四字。

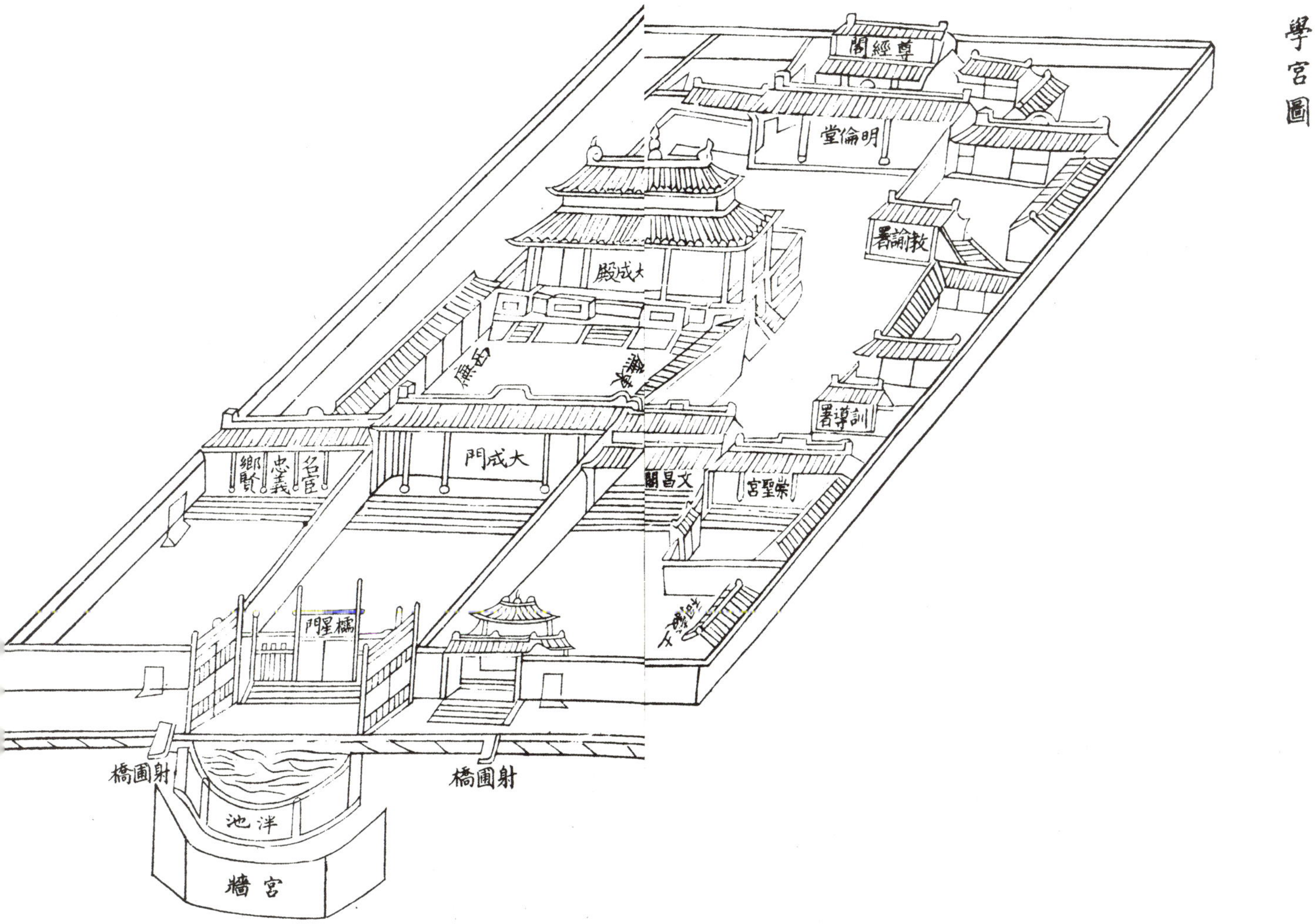

○余姚县学学宫图

宁海县学孔庙

宁海县学孔庙最早建于唐开元年间（713—741），初仅为孔庙，位于东郭门外一里。宋庆历四年（1044），县内始有学校，设教授官。嘉祐四年（1059），孔庙与学校合二为一。几经迁徙后，南宋绍兴七年（1137），县令钱浚将孔庙迁到县城西南隅，在圣庙旁建两庑，庙后建讲堂，旁为斋舍，庙前为戟门、棂星门、泮池、射圃。后文庙屡圮屡修。文庙建筑总体在20世纪70年代全部被拆，现只剩下一座泮池和圜桥。

○宁海县学孔庙圜桥

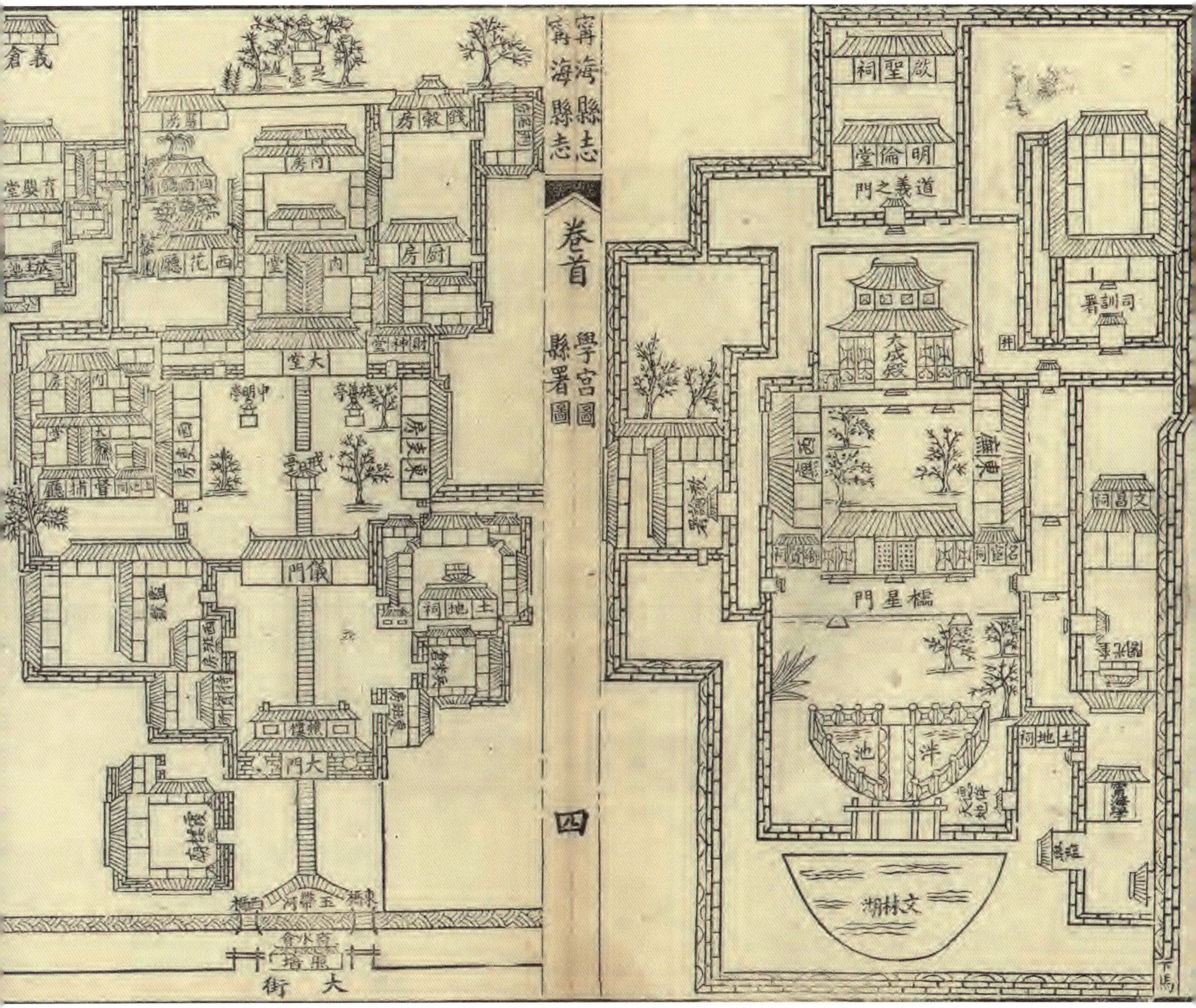
寧海縣志
寧海縣志
卷首
學宮圖
縣署圖
四
義倉
錢穀房
門房
內堂
西花廳
廚房
大堂
儀門
戒石亭
土地祠
大門
玉帶河
大街
啟聖祠
明倫堂
道義之門
司訓署
大成殿
東廡
文昌祠
櫺星門
土地祠
泮池
文林湖
下馬

○宁海县学学宫图

清代宁波府孔庙祭祀礼器

清初，宁波孔庙释奠礼的规格为『中祀』，于每年农历二月、八月举行。典礼当天，地方知县先主持县学祭祀，随后前往府学陪祭。光绪三十二年（1906），礼部升祭孔为『大祀』，与祭祀天地、社稷同级。宁波孔庙释奠礼从夜半子时开始，分迎神、初献、亚献、终献、撤馔和送神等六节进行，并配有乐、歌、舞。

在释奠礼时，祭品均会以特殊的礼器盛装，而释奠礼礼器的陈设位置也有一定之规制。目前，宁波博物馆藏有尊、爵、铏、簠、簋、登、炉、鼎、勺、罐、洗、烛台、毛血碟、茅沙池、笾、篚、豆等177件清代宁波府孔庙祭祀礼器，基本为同治十二年（1873）制作。

云雷尊

清同治十二年(1873)宁波府制铜尊

口径 16.7 厘米、底径 15.1 厘米、高 20.3 厘米

用于存放初献酒。

此器直口，束颈，鼓腹，圈足外撇。口沿下饰三角勾连回纹，肩至腹部饰勾连回纹，腹部自上而下排列如意纹、圆涡纹、三角勾连回纹、勾连回纹，足部饰如意纹。底部镌刻款识篆书“同治癸酉年仲夏宁波府敬制”。

象尊

清同治十二年（1873）宁波府制铜象尊

纵 24.0 厘米、横 63.0 厘米、高 45.0 厘米

用于存放亚献酒，表示大而有德之意。

此器作象形，容积较大。象呈站立状，微低头。象鼻自然垂下且鼻端微上卷，由头至尾雕象辔，背顶置荷叶形瓶盖，瓶下雕象鞍，长及腹下，鞍上饰云雷纹、勾连雷纹、束莲纹，寓意太平有象，四足雕云纹，五个脚趾分明。象腹底部镌刻款识篆书“同治癸酉年仲夏宁波府敬制”。

牺尊

清同治十二年（1873）宁波府制铜牺尊

纵 24.0 厘米、横 69.0 厘米、高 45.0 厘米

用于存放终献酒，表示以农立国、永不忘本之意。

此器作牛形，容积较大。牛呈站立状，微低头，牛角呈对称内卷自然弯曲状，由头至尾雕牛辔，背顶置荷叶形瓶盖，瓶下雕牛鞍，长及腹下，鞍上饰云雷纹、勾连雷纹、束莲纹，四足雕云纹，牛蹄稳健有力。牛腹底部镌刻款识篆书“同治癸酉年仲夏宁波府敬制”。

牛头尊

清同治十二年（1873）宁波府制铜牺尊（十件）

口径 14.5—15.3 厘米、底径 15—15.8 厘米、高 26—27.5 厘米

用于贮酒。

此器唇口，直颈，溜肩，鼓腹下收，平底，内圈足。肩两侧对置牛首形双耳。外底款识镌有篆书“同治癸酉年仲夏宁波府敬制”。

山尊

清同治十二年（1873）宁波府制铜山尊

口径 30 厘米、底径 25 厘米、高 24 厘米

用于盛放醴齐（甜酒）。

此器属三段式筒状尊。广口，鼓腹，圈足。通体饰花纹，盖饰弦纹、如意纹、回纹，其中口沿下饰三角回纹，颈部为山形纹，腹部饰云海纹。器身还装饰了四条扉棱，上端齐于口沿，使器体愈显庄重。底部镌刻款识篆书“同治癸酉年仲夏宁波府敬制”。

著尊

清同治十二年（1873）宁波府制铜狮尊

口径 33 厘米、底径 35 厘米、高 47 厘米

用于贮酒。

此器形如瓜状，有盖，圈足。双耳作衔环狮头状，近足处饰弦纹一周，圈足上饰连珠纹，水波纹与乳钉纹相隔。底部镌刻篆书“同治癸酉年仲夏宁波府敬制”。

壶尊

清同治十二年（1873）宁波府制云纹双耳铜壶尊

通盖高 53.6 厘米、通耳宽 59.0 厘米、口径 18.1 厘米、底径 24.1 厘米、腹径 37.2 厘米

用于贮酒。

器身取梨形制，鼓腹下垂，高撇足。有宝珠钮盖，盖作覆荷叶状。腹部对置双大环耳。通体云雷纹，锦地上凸饰祥云纹。外底部镌刻篆书“同治癸酉年仲夏宁波府敬制”。

簋

清同治十二年(1873)宁波府制变异兽目纹铜簋(十件)

宽 30.5—31.8 厘米、高 20.8—21.5 厘米

用于盛放黍稷。

簋以偶数组合,与奇数的鼎配合使用,天子用九鼎八簋,诸侯七鼎六簋,大夫五鼎四簋,元士三鼎二簋。

此器基本形状呈椭圆形,有盖,盖上为四片角形抓手,饰以夔龙纹,倒置可放食物,盖沿器口饰回纹,盖面器身饰夔龙纹、弦纹,器身两侧附兽耳,腰饰波曲纹,高圈足饰乳钉纹、横鳞纹,足底铸刻篆书“同治癸酉年仲夏宁波府敬制”。

簠

清同治十二年（1873）宁波府制夔龙纹铜簠（十件）

宽 33.5—36 厘米、高 20.8—22.3 厘米

用于盛放稻粱。

此器呈长方斗形，侈口有盖，盖设双耳以便抓手，盖顶饰波状纹高沿，倒置可放置承物，器身斜壁两侧附夔龙形双耳，盖和器形制和纹饰相似，器身尺寸大于器盖，满布蟠虺纹，盘口居中两处铸兽面纹，以回纹饰腹凹陷处，有矩形外撇四短足，足面饰云纹，且足墙四面均有一如意形镂空。款识篆书“同治癸酉年仲夏宁波府敬制”。

登

清同治十二年（1873）宁波府制回纹铜登

口径 15.2 厘米、底径 15.7 厘米、高 18.1 厘米

用于盛放太羹。

太羹是祭孔仪式中规格比较高的祭品。制作时，将七头小牛刷洗干净，用大汤锅熬煮。烹煮时不加入调料，并撇去油脂，只保留清汤。祭祀时，将汤舀入登中。

此器口沿饰回纹，腹部饰锦纹一圈，柄呈圆柱状，上窄下宽，柄至底座之上饰锦纹一圈，又在等分距离之间饰铺首三个，底座饰如意纹一圈，底有款识镌刻篆书“同治癸酉年仲夏宁波府敬制”。

铏

清同治十二年（1873）宁波府制重圈六边纹铜铏（十一件）

宽 22.2 厘米、高 24.2 厘米

用于盛放和羹。

制作和羹时，先将猪里脊肉切成薄片，用煮牛肉的淡汤焯过漉起，用盐、酱油、醋、芹、韭丝调匀。再将猪腰切成荔枝状盖在表面。献供前浇上淡牛肉热汤，盛入铏中。

此器基本形状呈椭圆形，直口有盖，盖上为三片角形抓手，饰云纹，倒置可盛放食物，盖面与器身自上而下饰万字纹、回纹、花枝纹、藻纹、龟背纹。腹两侧附兽形耳一对，三足与盖上角形抓手纹相同，腹底与盖内镌有篆书“同治癸酉年仲夏宁波府敬制”。

四辅鼎

清同治十二年（1873）宁波府制兽面纹铜方鼎

高 34 厘米、纵 49.4 厘米、横 33 厘米、耳高 11 厘米

祭孔仪式中使用的铜鼎有两种，大鼎用于烹调，小鼎用于焚香。

此器为大鼎，用以调和五味，呈仰斗形，折沿，双立耳，腹部四面满饰精美回纹，外立面分上下二层，分别饰仿西周凤鸟纹样及饕餮纹，以扉棱间隔，底部镌刻篆书“同治癸酉年仲夏宁波府敬制”。下承实心锥足，为浮雕铺兽纹足。整器造型庄重，纹饰精美。

炉

清同治十二年（1873）宁波府制兽面纹狮钮铜熏炉

口径 29.7 厘米、宽 51.1 厘米、高 66.7 厘米

炉为雕钮圆腹双耳三足青铜香炉。钮为麒麟足踏镂空绣球，盖镂空雕饰缠枝花卉纹。香炉有唇，长颈，鼓腹，兽首蹄形足，外撇双耳，中间镂空出梅花形，耳侧雕饰回形纹。颈与上腹部都凸雕朱雀纹与回形纹，素肩，下腹部雕饰饕餮纹与回形纹，下饰一圈海涛纹。香炉颈内侧阴文刻篆书“同治癸酉年仲夏宁波府敬制”。

罐

清同治十二年（1873）宁波府制铜罐

高 21.7 厘米、口径 10.9 厘米、底径 15.1 厘米、腹径 19.0 厘米

用于贮酒。

此器唇口，短颈，圆肩，腹微弧斜收，圈足内藏而浅。整器素面无纹，仅在底部镌刻篆书“同治癸酉年仲夏宁波府敬制”。

爵

清同治十二年（1873）宁波府制兽面纹铜爵（六十三件）

宽 16—18.6 厘米、高 15.7—16.6 厘米

用作饮酒的器具。

此器口沿外撇，前尖后翘，口沿两侧有对称立柱，椭圆腹略深，杯身菱形底纹上饰有浮雕的兽面纹，一侧有牛头把手，把手处镌刻有“宁波府制”，下承三个外撇高足。

勺

清宁波府制龙首铜勺（十一件）

长 30—30.7 厘米

用于舀取。

此器圆形勺口，半圆形腹，柄中部较两端纤细，柄端铸饰为龙首，其双角对称弯曲似“S”形，须发柔顺，瞪眼露齿，口含宝珠。勺口沿下分别饰回纹和乳钉纹一周，勺底镌刻“宁波府制”。

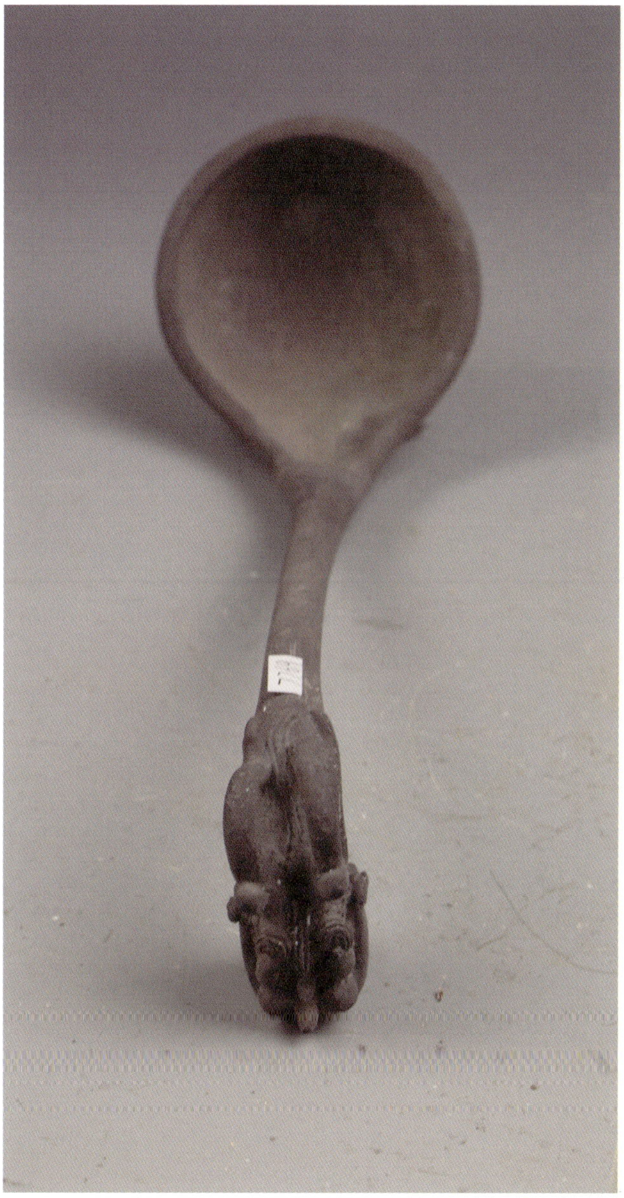

洗

清同治十二年(1873)宁波府制兽面纹铜洗

高28厘米、口径28厘米、腹围110厘米、深28厘米

用于盛水清洗铜爵。

此器唇口，短颈，大腹，圈足。口沿下饰以回纹、缠枝花卉纹各一周，上腹为素面，下腹饰以一周饕餮纹，并以回纹填地，下加三角形回纹一周，足面近底处饰以回纹一周。底部镌刻篆书“同治癸酉年仲夏宁波府敬制”。

鼎

清同治十二年(1873)宁波府制兽面纹双耳铜鼎(八件)

宽 30—37 厘米、高 34—41.5 厘米

祭孔仪式中使用的铜鼎有两种,大鼎用于烹调,小鼎用于焚香。

此器为小鼎,唇口,长颈,鼓腹,兽首蹄形足,外撇双耳,中间镂空出梅花形,耳侧雕饰回形纹。颈与上腹部凸雕朱雀纹与回形纹,素肩,下腹部雕饰饕餮纹与回形纹。颈内侧阴文刻四行十二字篆书款识“同治癸酉年仲夏宁波府敬制”。

烛台

清同治十二年（1873）宁波府制凤鸟纹铜烛台（十件）

口径 13—17 厘米、底径 16.4—23 厘米、高 49.4—76 厘米

用于摆放蜡烛。

此器为典型的清代式样，上下各有一圆盘，上小下大，分别饰以浮雕凤鸟纹，回纹为底纹，烛柄形状变化丰富，由细变粗，饰以浮雕蝉纹、凤鸟纹，并以回纹为辅助装饰，下铸有马蹄形底座，以回纹为地，上下浮雕凤鸟纹和饕餮纹。底座内壁镌刻篆书“同治癸酉年仲夏宁波府敬制”。

毛血碟

清同治十二年（1873）宁波府制夔龙纹铜毛血碟

口径 20.7 厘米、底径 12 厘米、高 7 厘米

用于盛放祭祀用的猪、牛、羊的血。

此器为敞口，宽沿，浅腹，高圈足。腹部饰有浅浮雕的兽目交连纹一周，上下以连珠纹作辅助装饰。底部篆书“同治癸酉年仲夏宁波府敬制”。

茅沙池

清同治十二年（1873）宁波府制铜茅沙池

高 17 厘米、纵 55 厘米、横 15 厘米、深 12 厘米

茅沙池是庙堂祭祀活动中必不可少的容器，一般设于供案前，迎神、求神时向地灌酒用。容器内铺设黄沙和白茅，以保持洁净。

此器为长方形，呈倒置梯形，口沿下装饰如意纹一周，器身底部装饰为波浪纹，下承四只如意形足。底部镌刻篆书款识“同治癸酉年仲夏宁波府敬制”。

笾

清同治十二年(1873)宁波府制朱漆木胎竹笾(二件)、清朱漆木胎竹笾盖(三件)

用于盛放果实、干肉。

在祭孔活动中,孔子神位边摆放十笾,分别盛放形盐、藁鱼、枣、栗、榛、菱、芡、鹿脯、白饼和黑饼。

形盐:即食用盐。祭孔时将盐制成虎形、山形,放置在笾中。

藁鱼:干鱼。

枣:将枣蒸煮后去皮,并用水清洗。

栗:选取大个板栗,并去皮。

榛:选取果肉洁白的榛子,在笾中垒成下宽上尖的形状。

菱:选取果肉洁白的菱角,在笾中垒成下宽上尖的形状。

芡:选取果肉洁白的芡实,在笾中垒成下宽上尖的形状。

鹿脯:鹿肉干。

白饼:用白面烤熟的扁而圆的面食。

黑饼:用荞麦面烤熟的扁而圆的面食。

笾形状如豆,朱漆,是用竹编成的食器。底部镌刻篆书款识"同治癸酉年仲夏宁波府敬制"。

篚

清同治十二年（1873）宁波府制竹编篚（十二件）

长 73.2—73.5 厘米、宽 16.2—16.5 厘米、高 18.8—19.2 厘米

用于盛放币帛。

币帛是祭孔活动不可缺少的祭品之一。

篚为长方形，朱漆，平口，主体为竹编，框架为木制，底承四“L”形足，髹黑漆，中间刻有篆书“同治癸酉年仲夏宁波府敬制”阳文印。

豆

清同治十二年(1873)宁波府制朱漆描金木豆(十七件)

口径 15.1—16.2 厘米、底径 12—12.5 厘米、高 29.5—32 厘米

用于盛放蔬菜肉食。

在祭孔活动中,孔子神位边摆放十豆,分别盛放韭菹、醓醢、菁菹、鹿醢、芹

菹、兔醢、笋菹、鱼醢、脾析和豚拍，多为腌制类菜肴。

韭菹：韭菜切去两端，用盐腌渍而成。

醓醢：用猪后臀尖肉做成的肉酱。

菁菹：将蔓菁（一种二年生草本植物，块根可食）在水中煮后，用盐、姜、油、醋调和而成。

鹿醢：用鹿肉做成的肉酱。

芹菹：将芹菜清洗干净，切成长段，不加佐料烹煮而成。

兔醢：用兔肉做成的肉酱。

笋菹：将笋清洗干净，用盐水煮过，再加盐、姜、油、醋调和而成。

鱼醢：用鱼肉做成的肉酱。

脾析：将牛、羊的肚和百叶等内脏切成细条，在沸水中焯熟，用盐、醋、姜、酱等调味品拌匀并再次翻炒而成。

豚拍：在猪肋肉（一说猪腿肉）上涂抹油、酱、盐、蜜等调味品，并蒸熟。

豆由盖、盘、柄座三部分组成。盖凸起，如同倒扣的碗，盖顶置一圆形钮。豆盘较深，形同器盖。盘下有柄带座，且柄和座由一木制成，便于放置牢固平稳。子母口，高足。朱漆描金。盖口沿、足外翻沿及底部髹黑漆，底部中央刻有篆书“同治癸酉年仲夏宁波府敬制”阳文印。

同治十二年製

清代宁波府孔庙祭祀乐器

孔庙举行释奠礼时，会由乐生以祭祀乐器演奏祭祀乐章。

自东汉章帝用《六代之乐》祭孔开始，孔庙祭祀音乐经隋唐逐渐形成了专门的祀孔乐章，至宋代成熟和繁荣。明代释奠乐章以「六章六奏」合理序性的方式，影响清代祀孔乐章的发展。与此同时，释奠乐名亦多有变化。经顺治、康熙、乾隆年间修订，清代释奠乐章称《中和韶乐》，在京师国子学孔庙，迎神奏昭平之章，奠帛、初献奏宣平之章，亚献奏秩平之章，终献奏叙平之章，撤馔奏懿平之章，送神奏德平之章。地方孔庙祀孔乐章名改为「昭和」「雍和」「熙和」「渊和」「昌和」「德和」，歌词沿用乾隆乐诗，并作部分修改。

演奏祭祀乐章的乐器统称为八音之器，即金、石、丝、竹、革、木、匏、土八类乐器，每类各有一种到数种乐器。这些乐器不仅音质优美，许多在造型上亦极特别。释奠礼时乐器与乐生的位置都有一定规制。

目前，宁波博物馆藏有清代宁波府孔庙祭祀乐器有金音（镈钟，编钟）、石音（编磬、特磬）、丝音（琴、瑟）、竹音（排箫、洞箫、篪、龙笛）、匏音（笙）、土音（埙）共六音63件。这些乐器基本为同治十二年（1873）制作，部分竹木乐器为光绪时期制作。

镈钟

清同治十二年(1873)"第十南吕"铭镈钟

纵 56 厘米、柄 20 厘米、高 36 厘米、口径长 26 厘米、口径宽 21 厘米、底径长 30 厘米、底径宽 22 厘米

镈钟呈椭圆形,悬钮,两侧腹部以凸弦纹分割为三条带状区域,中间长方形间隔上刻铭文,将三条带状区域分成四等分,上堆塑铜钉各九枚,迈口处饰乳钉纹,两侧腹部铭文,前钲间镌刻铭文为"镈钟第十南吕,同治十二年制",后镌刻铭文"高宗纯皇帝御制镈钟铭:自古在昔,功成作乐,辨物涓古,制此钟镈。皇祖审音,中和大备,讵独是遗,或存深意。绩底西旅,瑞出西江,考制象器,协和万邦。一虡特悬,用起律首,编钟继奏,箫韶成九。宽横乐舞,必考必精,慎遵前宪,敢或损增。宣阳导阴,立均出度,万事本根,百王矩矱。繄予小子,蒙业重熙,赖天耆定,惟曰际时。范器识年,悉新已盛,铭无溢辞,惕乾懋敬"。

同治十二年製

同治十二年製

镈钟

清同治十二年（1873）“第四夹钟”铭镈钟

纵 76.1 厘米、柄 28.6 厘米、高 47.5 厘米、口径长 34 厘米、口径宽 26 厘米、底径长 41 厘米、底径宽 31 厘米

镈钟与特磬在孔庙乐队编制中各具独特功能，金、石之声首尾呼应。在奏乐中以镈钟一响宣起律首，以特磬一声而告乐终，以象“金声玉振”之义。

镈钟是古代一种大型单体打击乐器，可特悬（单独悬挂）在钟悬上，又称“特钟”。此钟呈合瓦形，悬钮，桥形口，两铣尖锐，钟体两侧以凸弦纹划分为三条带状区域，长方形钲部，将三带状区域分成四等分，上堆塑铜乳钉各九枚，前钲间镌刻铭文为“镈钟第四夹钟，同治十二年制”，后镌刻铭文“高宗纯皇帝御制镈钟铭：自古在昔，功成作乐，辨物涓吉，制此钟镈。皇祖审音，中和大备，讵独是遗，或存深意。绩底西旅，瑞出西江，考制象器，协和万邦。一虡特悬，用起律首，编钟继奏，箫韶成九。宽横乐舞，必考必精，慎遵前宪，敢或损增。宣阳导阴，立均出度，万事本根，百王矩矱。繄予小子，蒙业重熙，赖天耆定，惟曰际时。范器识年，悉新已盛，铭无溢辞，惕乾懋敬”。

编钟

清同治十二年(1873)制铜编钟(十六件)

口径 18.0 厘米、底径 17.0 厘米、腹围 23 厘米、高 24 厘米

在祭孔乐章每句开始时,编钟先击一响,以引发众乐齐鸣;每句将毕时,即击该律吕的编磬一响,以收该句尾音。

编钟是一种打击乐器,旧时上下两层同悬,大小各异,厚薄不一,按照音调高低的次序排列起来,悬挂在一个巨大的钟架上,用丁字形的木槌和长形的棒分别敲打铜钟,能发出不同的乐音。此钟系清仿周青铜乐器,由锡青铜铸成,为钮钟,钟体为鼓形。交龙钮雕铸精致,龙头五官和鳞片甚为细致,龙爪紧张,格外传伸。钟身模印云龙纹,纹饰清晰,动感十足。钲间镌刻铭文,正面统一为"同治十二年制",另一面分别镌刻乐律名:黄钟、大吕、太簇、夹钟、姑洗、仲吕、蕤宾、林钟、夷则、南吕、无射、应钟、倍夷则、倍南吕、倍无射、倍应钟。

编钟

清雍正十年(1732)文庙铜钟

高 30.0 厘米、底径 15.7 厘米,腹径 22.8 厘米

此铜钟是鄞县孔庙唯一遗存的一枚编钟,钟钮铸饰为镂空火焰形。钟体呈圆鼓墩状,钟内中空。腹外壁上下两道凸弦纹间以十二条竖棱将腹部分为十二瓣瓜状。其中,间隔的六瓣中纵向饰六个乳钉,其余六瓣中有四个为素面,另两个相对的部分(钲间)中分别刻有“雍正壬子春月制”“文庙编钟黄钟尺”。

编磬

清描金双龙戏珠纹石编磬（十五件）

鼓博 11—12 厘米、鼓上边 33—34 厘米、鼓下边 17.5—25 厘米、股博 14.5—17.5 厘米、股上边 22—23 厘米、股下边 12.3—17.5 厘米、厚 2—3.3 厘米

编磬为石制打击乐器，形若倨句，大小有异，厚薄不一，磨光。一套十六枚，分上下两层同悬于一虡上，敲之发出不同乐音，对应十二正律加四个半音。其演奏方式为，当乐章每句之末字将要收音时，由编磬乐生适时地打击　响，以收　句声韵，它与编钟前后呼应。

此组编磬双面有描金双龙戏珠纹，脊上正书六律六吕及倍应钟、倍南吕、倍夷则、倍无射等名。

特磬

清描金双龙戏珠纹石编磬（二件）

鼓博 19.5—20 厘米、鼓上边 58 厘米、鼓下边 39.5—40 厘米、股博 28.5—29 厘米、股上边 38—38.5 厘米、股下边 21.5—22.8 厘米、厚 4—4.2 厘米

特磬为特悬之磬，一套十二枚，以应十二律。与编磬不同的是，编磬由十六块编成组，同悬于一虡上使用，特磬则单独悬挂使用。特磬与镈钟相呼应，作乐时，仅设当月之律磬，先击镈钟以宣一字之音，音既阕则击特磬以收其韵。

该特磬双面有描金双龙戏珠纹，两面镌“清高宗御制特磬铭曰：子與有言，金声玉振，一虡无双，九成递进。准今酌古，既制镈钟，磬不可阙，条理始终。和阗我疆，玉山是矗，依度采取，以命磬叔。审音协律，咸备中和，泗滨同拊，其质则过。图经所传，浮岳泾水，谁诚见之，鸣球允此。法天则地，股二鼓三，依我绎和，兽舞鸾鬖。考乐惟时，乾禧祖德，翼翼绳承，抚是万国。益懔保泰，敢或伐功，敬识岁吉，辛巳乾隆”。

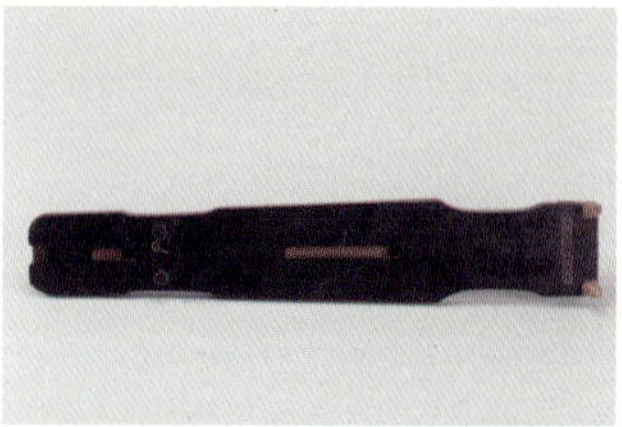

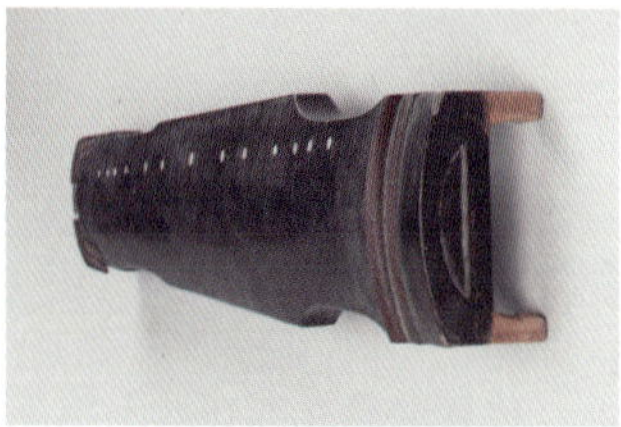

琴

清黑漆仲尼式琴(无弦,六件)

高 6.5—10.55 厘米、长 100.0—107.0 厘米、宽 17.7—18.2 厘米

琴为孔庙有记载的最早的乐器。此为黑漆仲尼式琴,琴面原来有七根弦,琴体修长匀称,造型古朴凝重,形制规整。

瑟

清黑漆描金双龙戏珠纹瑟（二件）

长 210 厘米、宽 46.9 厘米、高 22.5 厘米；长 209 厘米、宽 46.5 厘米、高 22.5 厘米

民国《鄞县通志》载："《乐书》曰：'瑟者，闭也。所以惩忿窒欲，正人之德也。'为二十五弦，其首曰'岳山'，其尾曰'武后'。有二窍曰'越'。中弦不动，曰'君弦'。各有一柱，游移前后，以和其音。前其柱则清，后其柱则浊，以笙和其音。外十二弦具十二中律，内十二弦具十二清律。"

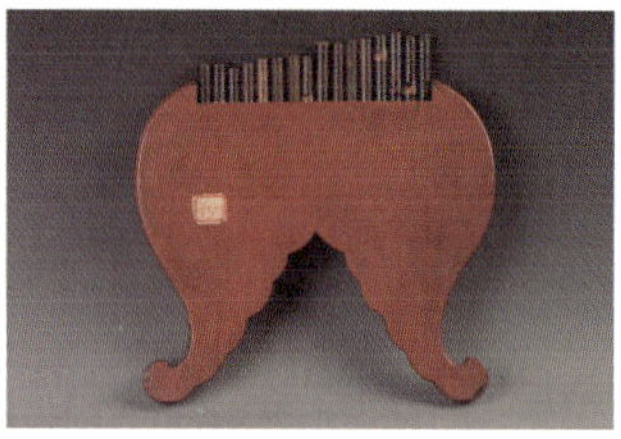

排箫

清光绪朱漆描金双龙戏珠纹竹排箫（二件）

宽 35.9 厘米、高 31.1 厘米

排箫又名凤箫，因形如凤之双翼，有凤鸣之效。排箫竹管木架，十六管，管面各书描金律名，按其阳律、阴吕分别排开。每管之上端斜削一吹口，各管依长度不同而单独发音。十六管镶插于形如茶几的木制套架之上。套架通体髹朱漆，木套架一面饰以描金双龙戏珠纹。

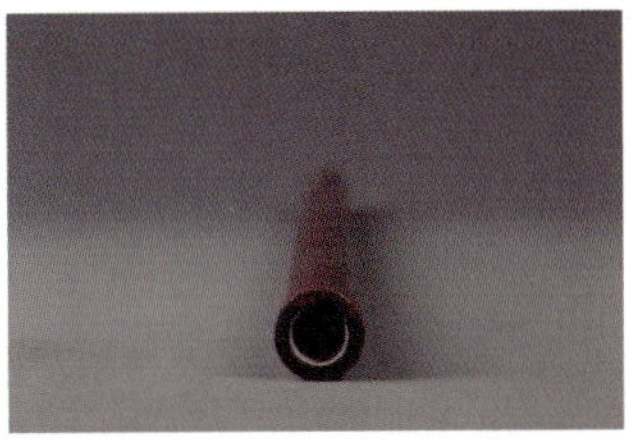

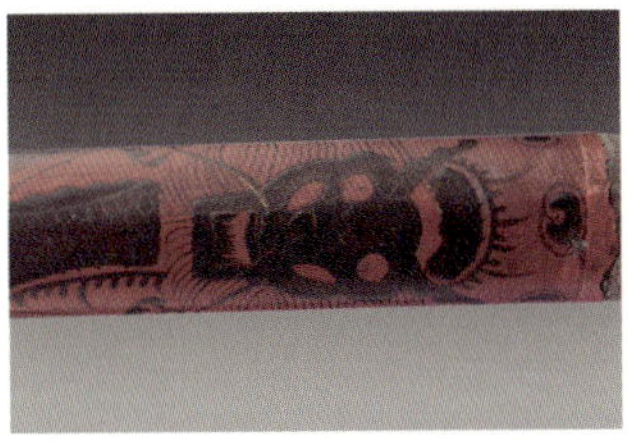

洞箫

清光绪朱漆描金云龙纹洞箫（四件）

长 54 厘米、口径 2.22 厘米

箫身通体髹朱漆，饰以描金龙纹，现金漆已脱落，共设有 5 个指孔，1 个出音孔，2 孔为穿绳用，无膜孔。

篪

清光绪朱漆墨彩描金云龙纹竹篪(四件)

长 44.6—45.2 厘米、口径 2.7—3 厘米

篪为单簧横吹乐器,与横笛相似,不同的是,篪两端封闭,音色沉重,声如婴儿啼。篪身通体髹朱漆,饰以黑漆描金云龙纹,现金漆已脱落,共设有 5 个指孔,2 个出音孔,2 孔为穿绳用,无膜孔。

篪

清光绪二年(1876)江玉书造朱漆描金云龙纹竹篪(四件)

长48.6—48.8厘米、口径3.2—3.3厘米

篪身用竹管制成，通体朱漆描金，饰有双龙戏珠纹。篪身以墨书“光绪丙子秋丁泉州乐长江玉书携侄永耀仝造敬”，共设有5个指孔，1个吹孔，1个出音孔，2孔为穿绳用，无膜孔。

龙笛

清光绪圆雕龙形朱漆墨彩花卉纹竹笛（二件）

长 74 厘米；长 74.5 厘米

孔庙乐悬中的竹笛，称“龙笛”，此称源于明代初期。明洪武元年（1368）定殿内“侑食乐”的编制中，就有四管龙笛。所谓“龙笛”是在笛的形制上，加上了精制的龙头和龙尾以为装饰。此龙笛通体髹朱漆，饰以花卉纹，两端分别饰有圆雕描金龙首和龙尾，共设有 6 个指孔，1 个吹孔，2 个出音孔，2 孔为穿绳用，无膜孔。

笙

清光绪黑漆描金云龙纹木笙（二件）

宽 14.4 厘米、高 23 厘米；宽 14.5 厘米、高 22.9 厘米

笙是孔庙合乐中不可缺少的乐器之一。此为巢笙，其名源于外形，即由多竹管巢居于一匏之中。

此笙用十三根长短不同的竹管制成，每管上端出气口称为“山口”，下端以黄杨木接竹为脚，脚内嵌薄铜片，为簧片。整束竹管植于斗中，斗旁接一吹管，中虚半圆体，具有吹气环流共鸣的作用。

埙

清光绪江玉书造朱漆描金云龙纹木埙，附清光绪二年（1876）宁波府学木埙匣

匣长 20.6 厘米，匣宽 11.6 厘米，匣高 15.9 厘米，埙高 8.8 厘米，埙直径 7.97 厘米

孔庙乐悬中用过五音孔和六音孔两种形制的埙。此为五孔埙，除吹孔外，前面有三个音孔，埙身漆以朱，绘金色云龙，在合乐时，乐生双手捧埙吹奏。埙底书“光绪丙子秋丁福建泉州府学乐长江玉书携侄永耀仝造敬”；匣盖书“宁波府学埙匣”“光绪丙子秋江曝书敬置”。

光緒丙子秋

光緒丙子秋
寧波府學壎匣
江曝書敬置

附录

礼器考略

府县二学旧置礼器颇为美备。《雍正府志》载，府学旧藏祭器铜爵一百二十个，铜罍尊一个，铜大豆七个，铜壶尊一十二个，铜山尊一个，铜小豆三个，铜盆一个，铜簠二十五个，铜簋二十四个，铜象尊六个，铜洗盆一个，铜豆一百二十七个，铜酒尊八个，铜牺尊九个，铜坫四十三面，铜奠盆五个，铜簠盖三个，铜香炉四个，铜花瓶六个，铜酒杓六个，锡酒杓三个，锡簠一十九个，锡簋一十九个，锡爵二十三个，锡酒注六把，铁锅五口，柷箱一个，笾九十二个，篚九个，桌长短五十八只，涤牲桶三个，燎盆架八个，朱红牲匣六个，挂灯四碗，烛台六十二个，柱灯一十五碗，神厨木粗桌一只，坫九十七个，方盘一百九十三面，朱红牲匣案四只，朱红罍洗案二只，朱红酒尊案一只，朱红篚九个，锡花瓶一十二个，锡香炉七个，锡酒注六把，锡簠簋一十九个，锡爵一十九个，木豆五十六个，木烛台一百五十六副，木花瓶七十只，篚九个，笾一百八十个，柷箱并朱红架一副，盛祭器柜五个，白磁壶一把。已上俱残缺。

现存祭器铜豆一百三十七个，铜罍洗尊三个，铜酒杓六个，铜酒尊一十一个，铜牺尊一十一个，铜大象尊六个，铜中象尊五个，铜葵花沙罗一面，铜盥盆三面，铜扬觯杯六个，锡簋一十九个，锡簠一十八个，帛篚一十个，铜爵一百二十个，铜坫四十三个，铜簠三十四个，铜簋三十个，小铜香炉四个，小铜花瓶四个，锡花瓶十二个，锡香炉七个，锡型二座，锡登一座。

新增祭器锡爵五十六个，锡酒杓五个，锡酒注五把，锡烛台一对。已上知府吕大云捐置。竹笾二百三十个，木豆一百个。已上知府曹秉仁捐置。

旧载乐器铜钟一十三口，石磬一十五片，铜钟一十六口，钟架一座，带铜钩一十六个，妆画龙头二个，妆画飞凤五个，螺蛍二个，钟磬槌二个，磬架一座，妆画龙凤五个，妆画凤头二个，凫鹅二个并朱红座二个，磬钟架上带色丝流苏四串，每串计五个，木盘全，下带结子琴六张，弦全，并朱红桌六只，瑟二床，弦全，并朱红瑟几四个，雁柱全，箫四管，笛四管，埙二个，篪二个，笙六攒，排箫二架，搏拊鼓二面并丝絛二条，籥笛三十六枝，龙头竿三十六枝，柷一座并红油槌一个，敔一个并朱红座一竹所帚一个，旌节二串并朱红杆二条，抹金龙头钩二个，妆画飞凤一个，麾幡一面并上下幡披二片，朱红木杆一条，抹金龙头钩一个，龙枝四条并龙头四个，应鼓一面并鼓柱一座，下带十字螺蛩黄木绵布顶盖并小带四条、鼓槌二个，应鼓架上带色丝流苏四串，每串计五个，木盘下带结子全石盘一十六片并黄绵花圆絛一十六根，籥笛三十六枝，笙六攒，龙头竿三十六枝并羽翎琴弦六副，柷、敔各一副。已上俱残缺。

现存乐器铜钟二十七口，石磬一十六片，铜磬一片，敔一座，柷一座，琴四张并桌瑟二张并桌大鼓一面，麾幡二副，箫六管，篪二枚。

新增乐器琴二张并桌羽翟三十六副，排箫二座，笙六攒，笛六管，埙二个，钟磬鼓架流苏节缨十串，大鼓幔一副，圣殿绫幔帐一副。已上知府吕大云捐置。盛贮祭器大板柜、乐器大板柜各二口。知府曹秉仁捐置。

《光绪邑志》引钱志载，县学祭器铜爵十九只，共重十六斤；锡爵十八只，共重五斤十两；锡登一个，计重三斤十三两；锡铏二十四个，共重五十四斤；锡簠十六个，共重五十七斤，锡簋十六个，共重五十七斤；锡云雷尊一个并杓，计重七斤；锡壶尊五个并杓，共重二十七斤；中锡香炉五个，共重十三斤八两；中锡烛台五对，共重十五斤；中锡花瓶一对，共重二斤十四两；小锡香炉十六个，共重十六斤；小锡烛台十六对，共重三十斤；锡笾九十六个，共重一百八十四斤；锡豆九十六个，共重二百斤；牲俎三架，牲盘二十面。

乐器琴四张，瑟二张，箫四枝，笛四枝，笙四攒，凤箫二排，篪二枝，埙二个，大鼓一面，金龙幡一副，柷一座，敔一座，搏拊二面，干二面，节二枝，铜钟十六口，石磬十九块，舞干二十四面。

迄清嘉道间，元代庆元路学遗器犹有存者。冯登府《元庆元路学祭器跋》曰：庆元路学祭器有簠、豆、觚、爵、洗、尊等事，款在底，皆正书。铜簠款云："元延祐二年，奉议大夫同知庆元路总管府事张伯延提调铸造，教授阙里五十四世孙孔文植、正录赵文吕合。"牺尊、象尊等款云："提调官：浙东道都元帅三宝中大夫都事李彀承事，佥史张溥、奉差冯□、庆元路达鲁花赤帖木迭儿、中大夫知事邵信、将仕路速沈治。监造官：录事司判官张义、典史龚惟善、医学教授路铎。至正六年，岁次丙戌四月吉日。"按：与《元史》官制相符，余器略同，有无款识者共一百余事，青绿斑驳，皆仿宣和之制。

按:《元史·文宗本纪》至顺三年诏江浙行省范铜造和宁宣圣庙祭器凡百三十有五事,后各学以次铸造,有提调、监造等官董之,亦可谓郑重者矣。乃府志不载其事,并元秩官姓氏俱略之。《两浙金石志》仅收嘉兴路学铜祭器款识,不及庆元之详。阮相国云:礼器创自汉韩敕,今阙里亦仅传唐元和二器,此虽元制,亦至可宝贵,况宣圣典礼之大者乎?

自科举废,官失其守,散佚殆尽。今汇藏于古物陈列所者,皆旧府学物,大抵制于同治末年,较古者惟县学移存一雍正编钟耳。表之于左。

名称	材质	数量	尺度	款识	应用	附记
山尊	铜	一	高连盖五·六公寸，口径二·九公寸，腹围七·八公寸，深三·九公寸	篆书“同治癸酉年仲夏宁波府敬制”十二字在底	夏后氏之尊也。高耸而棱方，刻镂山云，有盖，以盛醴齐	
著尊	铜	一	高连盖三·九公寸，口径三·五公寸	同前	商尊也。《明堂位》曰：“商尊曰著，为着地而无足。”有显著之义，其制如云雷尊，质素无文，酌献用之	
大尊	瓦	一	高二·二五公寸，口径一·一公寸，腹围六公寸，深二·一五公寸	同前	有虞氏之尊也。大，即泰，足平而康，故谓之泰。其制颇大，亦谓之大尊，两腹有纽，纯素无文，贵本尚质也，以盛泛齐	
壶尊	铜	一	高连盖五·四公寸，口径一·八公寸，腹围一〇·四公寸，深三·一公寸	同前	周尊，酌献用之。《礼器注》曰：“上尊曰彝，中尊曰卣，下尊曰壶。故为副式之器。”形若壶，胆饰饕餮，腹着风云，示有节止，明施泽及时	
象尊	铜	一	高连盖四·六公寸，长六·三公寸，深一·八公寸	同前	周尊也。取形于象，兽大而有德者，莫如象。象者，像也，所以像大德也。穴背受酒，上覆以盖，用贮亚献酒	
牺尊	铜	一	高连盖四·六公寸，长六·五公寸，深一·八公寸	同前	周尊也。《鲁颂》云：“牺尊将将。”取牺牲享食之义。周以农事开国，为尊取全牛象以享之，不忘本也。穴背受酒，覆以盖，有纽，用贮终献酒	
云雷尊	铜	一	高二·一公寸，口径一·七公寸，腹围六·一公寸，深二·七五公寸	同前	商尊也。纽以螭首，腹画云雷回旋之状，有合于神降自天之意。有盖，用贮初献酒	
牛头尊	铜	一二	高二·七公寸，口径一·八公寸，腹围五·五公寸，深二·七公寸	同前	酒器，无盖	
四辅鼎	铜	一	高三·四公寸，纵四·五公寸，横三·三公寸，耳高一·一公寸	同前	《阙里志》曰：“调和五味之器。”圆象阳，方象阴，三足象三公，四足象四辅，黄耳象中金，铉象断云雷龙，凤象文物，夏、商皆重之。祭祀烹牲用大鼎，焚香用小鼎	
大鼎	铜	一	高三·二公寸，口径二·一五公寸，腹围八·六公寸，深二·〇五公寸	同前		
鼎	铜	一八	高二·八公寸，口径一·九五公寸，腹围七·二公寸，深一·九公寸	款识同前在口内		
簠	铜	二六	高连盖二·二公寸，纵二·五公寸，横二·一公寸，深·七公寸	款识同前在底	夏曰琏，商曰瑚，周曰簠簋。簠方簋圆，以盛黍稷稻粱	
簋	铜	二六	高连盖一·八公寸，口径纵二·二五公寸，横一·七五公寸，深·七公寸	同前		

续表

名称	材质	数量	尺度	款识	应用	附记
笾	铜	一〇六			古竹器。后世范金为之，仍肖竹形。实榛、菱、芡、鹿脯、形盐、薨鱼、枣、栗之属	
豆	铜	一〇六			古木器。后世范金为之，仍肖木形。实韭菹、鹿醢、芹菹、兔醢、笋菹、鱼醢之属	
铏	铜	一八	高连盖二・三公寸，口径一・六公寸，深一・三公寸		古瓦器也。《周礼》："祭祀供太羹。"加五味，盛以铏器。今范金为之，荐和羹	
登	铜	一	高一・八公寸，口径一・五公寸，深・五五公寸	款识篆书"同治癸酉年仲夏宁波府敬制"十二字在底	《尔雅》："瓦豆谓之登。"《诗・大雅》："于豆于登。"今范金为之，以荐太羹	
篚	竹	二〇			《说文》谓："篚如竹箧也。"古制用篚不一，皆以盛物。今祭祀专以承币。《诗・鹿鸣序》"实币帛筐篚"之意。朱髹以盛帛	
爵	铜	二四四	高连柱一・六公寸，自流至尾长一・七五公寸	无款识	《明堂位》曰：夏以栈，商以斝，周以爵。太常爵制：两柱，三足，双耳，侈口，范金为之，象雀形	
勺	铜	一七			夏龙勺，商疏勺，周蒲勺。今刻龙首，夏制也	
牛叉	铁	二			祭祀时插牺牲之上	
洗	铜	一	高二・八公寸，口径二・八公寸，腹围一一公寸，深二・八公寸	款识篆书"同治癸酉年仲夏宁波府敬制"十二字在底	《阙里志》曰：盛水器，凡盥必有洗以承之。其形如盘，祭时罍盛新水，盆盛弃水，洗则用以涤爵。两旁螭首以示威戒沉湎之意，且以涤旧染之污	
碗	锡	一六			盛蔬食	
毛血碟	铜	一	高・七公寸，口径二・〇五公寸，深・四五公寸		盛毛血	
茅沙池	铜	一	高一・七公寸，纵五・五公寸，横一・五公寸，深一・二公寸		古人祭必设茅沙于案前，酌献之酒灌以降神。祭毕覆沙瘗茅而掩之	
燎盆	铁	二			烧炭用	
庭燎	铁	六			燔柴用	
香炉	铜	一	高连盖六・七公寸，口径二・九五公寸，腹围一一・五公寸，深二・九公寸	款识篆书"同治癸酉年仲夏宁波府敬制"十二字在底	焚香用	

续表

名称	材质	数量	尺度	款识	应用	附记
烛台	铜	二〇				
檀香盘	木	一一				
盐虎印	木	一				
盐型板	木	二二				
幂巾	布	七	纵横各六公寸		凡尊有覆，以绛帛为之，中画云龙，四边画香草回文，四角缀以金，便于覆尊	
祝(案板)	木	各二			《周礼》学士之板，注名籍也。今祭祀用。《通志》曰："板以梓木或柏木为之。"案朱髹置正殿中，以阁祝板	
卓衣	布	九				
蓝衫		四四			祭祀时乐舞生所用，此清制也	
暖帽		四四			同前	
凉帽		四四			同前	
缎靴		四一			同前	

右祭器

名称	材质	数量	尺度	款识	应用	附记
镛钟	铜	一	高连甬一三·一公寸，甬高四·五公寸	钲间款识篆书"光绪二年岁在丙子闰五月吉日敬藏"	《尔雅》云："大钟谓之镛。"镛钟者，特悬之钟，与大鼓相配，置大成门右，乃堂下之乐	
大鼓	革	一			大鼓即贲鼓。《诗》曰："贲鼓维镛。"一名晋鼓，一名鼍鼓，周礼以晋鼓鼓金奏，置大成门左	
鼗鼓	革	二			商制也。又名朔鼓，为群音首。其卦坎，其方北，其时冬，其风广莫，其律黄钟，其声一，其音权，冬至之气也	

续表

名称	材质	数量	尺度	款识	应用	附记
镈钟	铜	二	一律中夹钟高连甬七·七公寸，甬高三公寸；一律中南吕高连甬五·三公寸，甬高二·一公寸	钲间款识：其一前篆书“镈钟第四夹钟，同治十二年制”，其一前篆书“镈钟第十南吕，同治十二年制”；后皆正书“高宗纯皇帝御制镈钟铭：自古在昔，功成作乐，辨物涓吉，制此钟镈。皇祖审音，中和大备，讵独是遗，或存深意。绩底西旅，瑞出西江，考制象器，协和万邦。一虡特悬，用起律首，编钟继奏，箫韶成九。宽横乐舞，必考必精，慎遵前宪，敢或损增。宣阳导阴，立均出度，万事本根，百王矩矱。繄予小子，家业重熙，赖天耆定，惟曰际时。范器识年，悉新已盛，铭无溢辞，惕乾懋敬”。凡分八行，行二十八字	镈钟即颂钟，次于镛钟，倍于编钟。《周礼》“镈司掌金奏之鼓”即镈钟，与特磬相对	
特磬	铜	一	鼓长四公寸，股长二·二公寸	面镌“清高宗御制特磬铭曰：子舆有言，金声玉振，一虡无双，九成递进。准今酌古，既制镈钟，磬不可阙，条理始终。和阗我疆，玉山是矗，依度采取，以命磬叔。审音协律，咸备中和，泗滨同拊，其质则过。图经所传，浮岳泾水，谁诚见之，鸣球允此。法天则地，股二鼓三，依我绎和，兽舞鸾鬖。考乐惟时，乾禧祖德，翼翼绳承，抚是万国。益懔保泰，敢或伐功，敬识岁吉，辛巳乾隆”。凡八行，行二十九字，二面同	特磬亦曰离磬。《乐书》云：“磬之为物，编之则杂，而小离之则特。”	
编钟	铜	一六		钲间前篆书“六吕六律”及“倍应钟”“倍南吕”“倍夷则”“倍无射”等名，后篆书“同治十二年制”	钟磬小而编次者，皆谓之编，悬于架上，分列两层。其卦兑，其时秋，其方西，其风阊阖，其声羽，立秋之器也	
编磬	瓦	一六		脊正书“六吕六律”及“倍应钟”“倍南吕”“倍夷则”“倍无射”等名	制同钟。其卦乾，其时秋冬之交，其方西北之维，其风不周，其声角，立冬之器也	
编钟	铜	一		钲间款识篆书“雍正壬子春月制”“文庙编钟林钟尺”		案：此一钟由鄞县学移入
金钟	铜	一			以和各种乐器	
玉磬	瓦	一			同前	
琴		六			大成乐尚雅奏，旧弹琴家用勾、剔、抹、打、吟、揉、绰、注等语，指法颇多，皆悦耳玩目之具，非歌功颂德之正声，不可从	

续表

名称	材质	数量	尺度	款识	应用	附记
瑟		四			《乐书》曰："瑟者，闭也。所以惩忿窒欲，正人之德也。"为二十五弦，其首曰"岳山"，其尾曰"武后"。有二窍曰"越"。中弦不动，曰"君弦"。各有一柱，游移前后，以和其音。前其柱则清，后其柱则浊，以笙和其音。外十二弦具十二中律，内十二弦具十二清律	
凤箫	竹	二			《尔雅》云："籁，谓之箫。"庄周云：人籁比竹是也。名凤箫者，排竹如凤翼，以象凤鸣，又名排箫。古有三十六管，今制十六管	
排箫	竹	二			即古之凤箫，本三十六管，后世改为八管	
洞箫	竹	六			箫以洞名，言其空洞无底也。所以通众音之壅滞而使之疏畅也	
龙笛	竹	六			笛，涤也。所以涤众音之烦秽而使之清朗也	
笙		八			笙，生也。众音之萌蘖而发其声华也	
埙	土	二			埙之为物，以土为质，以水火相合而成器。中虚上锐，火形也。平底，水形也。圆体，土形也。相和而成声，故众音得埙而纯如也	
篪(仲春用)	竹	四			篪，啼也。声从孔出，如婴儿啼也，与埙相和	
篪(仲秋用)	竹	四				
柷	木	一			乐统命于柷，击之以起堂上堂下之音	
敔	木	一			敔状伏虎，西方阴兽，其形伏，故以止乐	
搏拊		二			《书传》以韦为鼓，谓之搏拊。《周礼》所谓"登歌，合奏击拊"是也	
旌		一			《三才图会》曰："旌夏，大旌也。舞者行列以大旌表识之。"	
节		二			《尔雅》云："和乐谓之节。"盖乐之声，节之以鼓，乐之容，节之以节。舞师执之，以为缀兆行列进止疾徐之则。节者，制也，谨始之意也	

续表

名称	材质	数量	尺度	款识	应用	附记
麾		二			《周礼·巾车》："掌木路建大麾以田，以封蕃国。"《书》："右秉白旄以麾。"周所建也，后世协律郎执之，以合乐工	
籥翟		三六			《通典》曰：乐之在目曰容。容藏于心，难以貌观。故圣人假干戚羽籥以表其容，发扬蹈厉以见其意。人之动而有节者，莫如舞，所以动阳气而导物也。文王世子春秋学羽籥，即谓此也	
歌笏		六			执之以迎神	
鼓帏		二			大鼓之围幕	

右乐器

选自民国《鄞县通志·文献志》

明州碑林孔庙相关碑石集录

庆元路重建儒学记(元至元二十九年，1292年)

庆元路重建儒学记(篆额)

庆元路重建学记

前进士土应麟撰

中议大夫浙东道宣慰副使李思衍书

正议大夫浙东海右道肃政廉访使王宏篆盖

四明自唐为州，始有夫子庙。宋始建学，规模丰敞，栋宇穹崇，庠声序音，冠于左浙，英俊之域，绂冕所兴，文献盖彬彬矣。至元十九年春，学毁于融风，教授潘梦桂、黄裳、吴宗彦、史复伯历载缮葺经始，礼殿、门庑、斋舍，浸以略具，讲经有席，养蒙有堂，皆草创未就。二十八年冬，肃政廉访副使陈公祥下车，谓博士诸生曰："化民成俗，劝学为先。尝闻畴昔轮奂之盛，岂不止足，盍饬工抡材，以复旧观！"顾仪门庳隘弗称，从祀容服弗严，越明年夏，鼎新高闳，贲饰貌像，六旬而毕，二堂亦告成。又惟斯文与天地并，必华榱岑楼，式崇厥藏，因重建尊经阁五楹，里士䜣(欣)然竞助。教授苏君焱撙约学廪，续其不给；同知府事阮公麟翁提其纲，庶工丕作，民不知劳；幕掾韩君居仁计画展勤，不愆于素。秋九月，阁成，嵘峨壮伟，衿佩耸瞻，咸曰："六经如日月，陟降庭止，惠我光明。"恢人文以迪化，原维贤使者之德，且将以旧门及堂更立先贤祠、正录序，缭以垣墉，制度于焉大备。苏君请识成事于石。应麟耄不能文，惟诸侯之学载于《礼》详矣。在《易》，临之象曰："君子以教思无穷。"泽上有地，犹君子之近民也。近民则礼达而教行，建其牧，立其监，有师保之义，凡以存天理，淑人心而已。矧是邦为诗书之乡，逸民之黄（公）、纯孝之董（黯）、文士之任（奕），自汉以来为美谈。庆历诸老，模范后进，淳熙大儒，阐明正学，惟圣贤是式，惟德性是尊。小而洒扫应对，大而格物致知，目濡耳染，充然有得。每岁孟春，衣冠济济，齿位秩秩，司徒之教伦，党正之礼饮，流风遗俗，犹存未坠。南丰曾公、忠肃陈公继为守贰，表率薰陶，东诸侯莫逮焉。春秋大复，古学之复，道之泰也。夫不农不工，何以谓之士？非老非释，何以谓之儒？行已有耻，尚志仁义，士之实也；为君子儒，夙夜强学以待问，儒之实也。游于斯，肄于斯，盖亦践其实，副其名乎。郡国有学，昉于汉，二千石所察，惟曰好文学，敬长上，肃政教，顺乡里，三代考行之意蔼如也。升堂闻金石之音，入宫墙见宗庙之美。因作新之机而日新其德业，孝悌忠信为根本，明诚敬义为准的，始于离经辨志，成于知类通达，用仰承菁莪乐育之仁，不在兹时欤？昔鲁僖公能修泮宫，教泽浃乎海邦，其俗秉周礼，守经学，一变至道，圣人称之。谁谓鲁远？道无古今。师友渊源，绪接洙泗。颂其诗，尚论古之人，罔俾克广德心，专美鲁之多士，凡我同志，懋敬哉！欧阳子有言："善教者，以不倦之意，须迟久之功。"礼行俗纯，然后为学之成。是用述其始成，以诏永久，俾无怠。

是岁冬十月己亥记

学正施埙、赵必昌，学录姜材之、陈自同立石

茅化龙同男□□□

慶元路重建儒學記

慶元路重建學記

前[illegible]大[illegible]進士[illegible]

中議大夫浙東道宣[illegible]

正議大夫浙東海右道肅[illegible]

四明自唐爲州始有[illegible]

夫子廟宋始建學規模豐敞棟宇穹崇庠序皆冠于左浙茨後之拔級晃所[illegible]

潘夢桂寳祭宗彥[illegible]伯歷載繕章經始禮殿門廡齋舍霞以略具講經有[illegible]

使陳公袺下車謁博士諸生曰化民成俗勸學爲先嘗闕晴首輪奐之意不[illegible]

容服弗嚴越明年夏鼎新高閎貴飾貌像六旬而畢二堂亦告成又惟斯文與[illegible]

里士訢然競勸教授孫君叔轉約學齋續其不給同知府事沉公麟翁提其綱[illegible]

于秦秋九月閎成嵘峨壯偉於鳳鑾鳴咸曰六經如日月陟降庭惠我光明[illegible]

更立先賢祠正錄序繪以垣牆制度爲大備諸君請識成事于[illegible]

以教思無窮澤土有地猶君子之近民也近民則禮達而教行建其牧立其[illegible]

書之鄉邊民之責純孝之董文士之行肯茨以來爲美談處循諸老模範後進[illegible]

濂操應對大而格物致知自得耳諸先生有得每歲孟春[illegible]

曾公忠肅陳公繼爲守戴表平叢陶東譜條莫違爲春秋[illegible]學之後道[illegible]

儒行已有恥尚志仁義士之實也爲君子儒夙夜彊學以待問儒之實也[illegible]

二年石所察惟曰好文學敬長上肅政教順鄉里三代壽行之意[illegible]如也[illegible]

新其德業孝悌忠信爲根本明誠敬爲準的士雖經綸未成知類通達[illegible]

牛宮教澤淺于郊[illegible]禮[illegible]一變至道聖人之道[illegible]

克廣德心尊美魯之多士凡我同志敬[illegible]

宗以詔[illegible]公得無怠是歲[illegible]十月己亥記

庆元路学重建大成殿记二段（元至大三年，1310年）

庆元路学重建大成殿记（篆额）

重建大成殿记

承直郎前台州路总管府判官任仲高撰

应奉翰林文字将仕郎同知制诰兼国史院编修官袁桷书

中奉大夫浙东道宣慰使都元帅李果篆额

圣天子即位，首崇学校，务作养人才以备选擢，德至渥也，海内士莫不感激思奋，期以奉明诏。惟四明古名郡，夫子庙学甲东浙。壬午既毁，有捐所居堂以为殿，见谓庳隘，复不以时修葺，凛乎其若压。至大己酉夏六月，廉访副使赵公宏伟，虑囚寔来，环顾叹息："上方向用儒术，式隆加封之典，而庙祀弗称，非所以昭尊事，宣教化。此固吾职。"与教授苏君垲谋，督租入，撙用费，学官输俸，诸生辍供，儒人之在籍者助有差。龟吉考度，鸠匠庀工，物直相得，而木石川流；地效其良，劳佚惟均，而丁夫云集，人尽其力，群材既丰，众作咸秩。初梓人以图上，一如公指授，毋袭前陋，毋侈后观，崇实去浮，于以示教。视前高一寻，前庑之广半之，使礼行而周旋有余地，乐作而县（悬）设有定所，匪亟匪徐，有严有翼，闳丽靓深，悉遵礼制。法宫既正，爰及黉宇，藏书有阁，肄业有斋，讲堂数十楹，周垣数百尺，栋屋之挠坏，瓴甓之残缺，丹垩之漫漶，或易而新，或因而理，勿为苟完，以植永固，万目耸瞻，于前烈有光焉。既告成功，我公莅止，祇谒荐诚，用答嘉贶，乃揖长老，招诸生而进之曰："庠序之设，古今攸重，非直为观美也。盍知所以为学乎？学者合内外之道，自谓开物成务，而无本则非治；自谓穷理尽性，而无用则非学。本诸心，体诸身，征诸庶民。尧舜行此道，千载而上所以为唐虞；夫子明此道，千载而下可以为尧舜。布在方策，炳如日星。学者所宜用力于此。有阁杰然，高明广大，尚友古人，毋使简编之富徒资蠹蚀也。有斋廓然，藏修游息，相与濯磨，毋使群居之乐适滋玩愒也。有堂巍然，正席而讲，环坐而听，毋为口说之滕而耳学之浅也。由是得其门而入，见宗庙之美、百官之富，源深流远，器大用宏，穷而其志足以有守，达而其才可以有为。忠信之行，渐被乡闾，诗书之化，陶冶万物。立太平之基，垂无穷之闻，此夫子之道，学者之事，实圣朝加惠学校之至意也。"佥曰："谨受教，愿刻之石，以谂来学，且识其颠末云。"公通古今，知所先后，尝有德于湖湘之民，退而以道自娱乐者十年，上谓是足司吾风宪者。问学必明理为宗，政事以敦化为要，盖有本者如是。是役经始至大二年十月庚申，越明年三月丁未乃备。先任营董之责者非一，奉化州判官程时敏实竟其事，以才选教授，苏君承积弛之余，以职业受知，成此骏举，亦克世其家者，皆不可以无纪。

学正吴景山、学录岑俊卿、主奉孔文枢、直学蒋复祖立石

茅茂祖刻

庆元路儒学新修庙学记存七段(元后至元六年,1340年)

庆元路儒学新修庙学记(篆额)

庆元路儒学新修庙学记

应奉翰林文字从仕郎同知制诰兼国史院编修官陈旅撰

中顺大夫浙东道宣慰副使佥都元帅府事王安书

资德大夫浙东道宣慰使都元帅野德礼溥化篆额

《学记》曰“古之教者,家有塾,党有庠,术有序,国有学”,谓学所以化民而成俗也。故善为治者,必建学以崇教化,而任风纪师帅之职者,不敢不以是为己责也。四明郡学,唐开元中立,贞元中宣圣庙立。宋天禧中,庙与学徙郡东北陬。建炎中毁于兵,而殿独存。宋在江左百五十载,鸿生巨臣,蔚然出乎句章,其弦诵之舍,宜益完且美矣。我世祖皇帝既统壹海寓,以孔子之道可以隆化基也,乃兴起学校,登用儒雅,天下翕然向风。至元十九年,庆元庙学灾,当时守臣务亟成室屋,规制简易。二十八年,始大营建。至大二年,更造大成殿,皆部使者作兴焉。历岁滋久,昔之闳壮而炳绚者,皆陁圮而黝暗矣。重纪至元之四年冬,廉访副使宁夏顺昌公,行部至郡,首展谒庙下,又环视师弟子舍,叹曰:“是出风化之地也,而衰敝若此,今不葺,责在我矣。”总管上饶张侯荣祖蹴然曰:“是吾责也。”于是廉访公属侯即图之。乃考学田之入,征宿逋、缩浮费,以庀材物工佣之需,属府判蓟丘齐侯谦总程督事。齐侯展布心力,先葺礼殿,新圣容,为坛构,神栖而加幎焉,四配十哲,暨从祀诸子,皆饰其容观。在殿上者为坛帘,在两庑者施承尘,颙卬圭璋之仪,黼黻文章之盛,来观者若见圣贤于洙泗之上,低徊而不能去也。先是,尊经阁梁楹栋榱,皆朽蠹且压,论堂亦坠漏,不足敌风雨矣。至是悉以贞材代腐木,以密瓦易疏覆,以夷甓除坏阶,若殿门、先贤祠、八斋、大小学、庖庾,莫不缮治。又仍故址为守神之祠,范金以补礼器之未备者。明年秋,教授王弦、学正薛元德以书来请记。窃惟孔子之道尧舜禹汤文武之所以善天下者,孔子则以之而善万世也。其理具于人心,而著于君臣、父子、兄弟、夫妇、朋友之伦;其教具于六籍,而讲于庠序,行于邦国、庙朝、乡党、家庭之间。人知讲学,则孔子之道明;孔子之道明,则唐虞三代将不在尧舜禹汤文武,而在乎今之世矣!为天下者,不能使人人皆从道也,故既设校官教之,又俾为师帅者教而率之,任风纪者又宣风化而饬厉之。不以是道善其民,是鄙其民；不以是道善其身，是不爱其身。鄙民非仁，不爱身非孝。廉访公与郡长贰以兴学为己责，为其民者盍亦知所劝矣。四明多硕学笃行之士，而故家遗俗，犹有存者，父兄尚告子弟，使究其所学者以有诸己，黜浇习、养厚德也。鲁人颂僖公能修泮宫，曰“济济多士，克广德心”，则化民成俗之事，亦有望于泮宫之诸贤焉。

至元五年己卯七月九日记

至元六年五月朔日立石

教授桂克忠、学正薛元德、学录王寿朋、主奉孔思枢、直学张用庚、司吏岑立道

茅士元镌

慶元路儒學新修廟學記
慶元路儒學新修廟學記 應奉翰林文字從仕郎同知制誥兼國史院編修官陳旅撰
中順大夫浙東道宣慰使副使僉都元帥府事王安書

庆元路儒学重修灵星门记(元至正八年,1348年)

重修灵星门记(篆额)

庆元路儒学重修灵星门记

前饶州路浮梁州儒学教授郡人郑奕夫撰

嘉议大夫秘书卿赵孟贯书

奉训大夫福州路同知福宁州事翁达观篆额

惟古乡学有定制,自唐开元间,始封孔子王爵。贞元间,天下郡国皆立庙以祠之,往往庙学混一,不能区异,桥门之外又设灵星门,其视王宫之路门欤。四明郡学肇于唐,因其庳隘弗称,当宋天禧中迁于此,然未能尽如旧制,仅由东、西二门以入学宫。至淳熙中,始克南向造门,以正其位,距今且历一百六十有余载,因陋就简,未有能充辟整饬以严其庙貌者也。皇元至正七年,会郡同知公提调学事,谒告之日,顾瞻庠门内外,阶墄芜秽弗葺,灵星门且逼近廛陌,无以耸观瞻,而俾士庶知所畏敬,乃升堂询诸耆艾,亟谋作新,恢宏旧规,焕然丹雘。门之外甃石以广且平,仍创采芹儒林坊以为闾闬,大加营缮,俾过者趋者,必肃必恭,是亦开正教、迪化原之大端也。至如仪门、泮池,凡其崇严之地,罔不致力而植其功焉。载惟吾邦文献之懿,冠冕之盛,见诸先正纪述,其来远矣。然而世习异趋,俗非古昔,宫墙数仞有不得其门而入者,不有贤守贰阐辟正途,何以使学者日知归圣人阃域?吾党盍亦居仁由义,咸服政化,上毋负圣朝崇儒重道之意,下不失邦侯育才进德之心。在泮多士,请识成绩于石,以劝后人,固不可以无述也。公名普立翰护礼,字大本,合尔禄氏,世居覃怀,故中书平章政事覃国敬敏公之嫡孙也。郡史徐让董其役,而相成之者前学录王寿朋、主奉孔文颖。

至正八年龙集戊子夏四月甲午

教授范洪、前教授赵佐、学录余熊立石

茅士元镌

重脩靈星門記

慶元路儒學重脩靈星門記

前饒州路浮梁州儒學教授鄉人鄭奕夫撰

嘉議大夫祕書卿趙孟貫書

奉訓大夫福州路同知福寧州事翁達觀篆額

惟古鄉學有定制自唐開元間始封
孔子王爵貞元間天下郡國皆立廟以祠之往往廟學混一不能區異橋門之外又設靈星門其視王宮
之路門歟四明郡學肇於唐因其庳隘弗稱當宋天禧中遷于此然未能盡如舊制僅餘靈星二門以入
學宮至淳熙中始克南嚮造門以壯其位距今且歷一百六十有餘載因陋就簡未有能充闢整飭以嚴
其廟貌者也
皇元至正七年會郡同知徐提調學事謁告之日顧瞻庠門內外階墄蕪穢弗葺靈星門且逼近廛陌無
年觀瞻而俾士庶知所畏敬乃升堂詢諸耆老亟謀作新悉去舊規煥然丹艧門之外寘石以廣且平仍
創未肯儒林坊以為閭閈大加營繕俾過者趨者必肅然恭是亦開正教迪化原之大端也至如儀門泮
池凡其嵩巖之地罔不致力而樹其功焉載惟吾鄉文獻之懿冠冕之盛見諸老筮紀述甚詳矣然而
世習異趨俗非古昔宮牆數仞有不得其門而入者矣有賢者闌闠正途何以使學者日知歸聖人閫
域吾黨盍亦居仁由義咸服政化上毋負
聖朝崇儒重道之意下不失邦侯育才進德之心在泮多士請識成績于石以勸後人固不可以無述也公
名普立翰護禮字大本合爾祿氏世居覃懷故中書平章政事覃國敬敏公之嫡孫也郡史徐謙董其役
而相成之者前學錄王壽朋主奉孔文顥
至正八年龍集戊子夏四月甲午教授范洪 前教授趙佐 學錄余能立石 茅士元鐫

庆元路重修儒学记(元至正十六年，1356年)

庆元路重修儒学记

翰林侍讲学士中奉大夫知制诰同修国史同知经筵事黄溍撰

嘉议大夫中书吏部侍郎月鲁不花□□□

庆元在汉时为鄞，属会稽郡。唐改鄞为鄮，后又改为明州。宋升州为府，始号庆元。国朝即其地立宣慰司，统制七郡，俨为东南重镇矣。郡有宣圣庙儒学，至元中毁于火。明年，浙东廉访副使陈祥，始祛荆棘瓦砾，而宫墙丹垩之。至大二年，赵宏伟以旧制弗称，新作大成殿，凡先圣、配享及从祀、先贤，皆肖像于位，冕服如其制。厥后随时补苴，无大建葺。至正九年，天子以阿殷图公尝长江阴州，有治行，擢守兹郡。始至，会□□□□朝廷遣行省大臣□□□□之舟粮、器械取具，临时供亿征输，日不暇给。公疏滞理棼，颖发机应，稍暇即坐学宫，延进儒雅士，相与旋辟唯诺，聘明经学古者为师，躬程督奖励。诸士知所矜式，成材颇众。又仿科举法，试其艺能、礼致，尝司文柄者，考其高下而进退之，优其礼赏而诱掖之，人人益知自劝矣。岸海沙屿，多隶于学，鱼盐所集，富商大舶，往往为市，居人获利甚厚，租入益寡。公计所获，羡其额，募民以时入直，直多者僦予之，岁入为缗二千有奇。涂田二百亩，没入鬻盐大家，公案旧籍征其负逋，令首实得己责，遂敛手归所侵地。初输镪不满一十贯，今得谷几百五十石。裒其奇赢，制其出入，简费节用，使无侵牟，故所蓄每加倍焉。由是奠祀尽礼，耆艾得赒其匮，师弟子得足其养。又谓庙学弗称，亟议缮完，梓人度材，陶人埏埴，凡攻金、攻石、设色之工，各执其艺以待事。未五月，梁楹桷榱，板槛瓴甓，桡者隆，毁者完，漫漶者饰，以鲜南面之象，侑食之容，冠冕之统綖，衣裳之山龙火藻，采绘鲜美，咸中仪式，距今六七年而完好坚饬，丹碧炳焕，如始创之日。其就事之敏而成功之固如此，游歌于斯者，咸相与叹嗟，谓数十年来贤牧守修学，未有逾于公者。于是学之士子不忘公德，为之立祠，以教授李光、学正林公庆之状来请记。前一月，越之文学尝请溍纪其郡监修学之功矣，今明之文学又请溍述其郡守兴学之事焉。昔诗人颂鲁僖公能修泮宫，而至于淮夷卒获。今两郡之监若守，当军事烦扰时，皆能殚力悉心于俎豆弦诵之区，其有鲁侯之心哉。虽然，治教之明不独在乎室屋之观也，尔多士来游来歌，拾级而登，则知进修之有序；升堂而入，则思致广大而尽精微。一言之差，一坛宇之圮也；一行之失，一栋梁之桡也。因缮完之密，而归诸反身之诚，庶乎克广德心，而无负贤守作新之意矣。公宏吉剌氏，字嗣昌，以正议大夫升郡监。其先君咬住公，尝以孝义旌赏，车驾临幸其门。公以嫡长当嗣世绪，辞爵弗受，齐赀弗取，悉以让其季，则其为政知所先务，固一一有所本云。

全正十六年岁在内申三月既望

教授李光，学正林公庆，学录舒恭，训导胡世佐、卓说、赵文佑、黄浚，耆儒唐远孙、吴□□、□□□、王□、郑觉民、严宽，路吏柴本，主奉孔克□，直学何逢，司吏（下缺）

庆元路儒学兴修记(元至正二十一年,1361年)

庆元路儒学兴修记

奉直大夫温州路总管管内劝农事兼防御事刘仁本撰并书

中奉大夫江浙等处行中书省参知政事鄱阳周伯琦篆额

至正二十有一年秋九月,四明郡博士连君五云以江浙行中书省平章政事银青方公命,兴修学宫。既成,其冬十月望,行释菜礼于先圣先师庙。会朝廷遣使进平章公爵,司徒具状征记于仁本。维昔者,圣王之治天下,必先修崇学校者,诚以首善之地,性命、道德、仁义、礼乐、教化、风俗、人材、政刑所自出,□□□□□□□□□□□□□理,诗书六艺之文,尊君亲上之道,故乡射饮酒、春秋合乐、养老尚贤、务农敦本、校艺造士、□□□□□□□□□□在学焉□,则学不可一日或废也。舜命契曰:“百姓不亲,五品不逊,汝作司徒,敬敷五教在宽。”五教者,父子有亲,君臣有义,夫妇有别,□夫长幼之序,朋友之信是也。五者根于人心所固有,而或昏迷气质,溺蔽物欲,必待上之人劳来匡直辅翼□德而后兴□,则司徒之职,政教所系,为甚重也。盖公以至正十八年领节钺来镇四明,于时盗发汝、颍,蔓延淮□□□,廷命公保厘兹土。既至,谒孔子庙及学,慨然叹曰:寇乱肆虐,由政教不修,政教不修,由学校废弛。视其废而□□使方袍缝掖毕露于外,青青子衿挑闼城阙,将孰之尤?维是学庙为浙河最始,创于宋庆历年,职我国初,既毁于磷。今所存者,至元间宪使陈祥重建也,垂六七十载,而就圮若此,可不图欤?乃命连君职典教□□□为撙节廪□计,春秋二祀,朔望香镫,师生稍给。斥余馈兵,又余则营缮修。于是材献其良,工展其度,若大成之殿外,而台门内,而两庑□及池亭,有严圣像之饰,配享从祀之位,凡属在庙者,载肃载容,而无漫漶剥落蠹蚀者矣。庋阁、明伦堂、□先贤□祠□□□庐讲肄之所,饮膳庖湢之舍,凡缀于学者,靡不疏剔朽腐,易其旧而更其新也。肇端于夏五□□□□□□□□□□□□□□完好,猗欤休哉。顾余笔椠荒落,畴克发挥。抑闻之,学校有作政教系焉。政教之掌司徒职焉。□□□□□□□□□□□□□□常,而施教者,十有二:以祀礼教敬,则民不苟;以乐礼教和,则民不乖;阳礼教让,使民不争;阴礼教亲,则民不怨;仪辨等、俗教安,而民不越不偷;教中以刑、教恤以誓,而民不虣不怠。至于度教节,世事教能,民知足而不失职;以贤制爵、以庸制行,民慎德而兴功。凡此者,皆以善教民,而非学校则无所施焉。矧鄞为礼义之邦，文献渊薮，虽罹扰乱，而民不知兵，行化者易于声施，而受教者乐于顺响。当四方厌乱，思治政，偃武修文之期，孰谓作民极、基太平而不权舆于此乎？上下感应，捷于桴鼓，□一转移间耳，故推本首陈有虞五教之说，而终《周礼》法言为告。若有谆复于司徒者，不鄙余论，则庶几先王之教不坠，□□之道弥彰，而上不负天子倚注之隆，下副士民好德之望矣，岂惟涂塈丹垩、牺尊青黄、词章句读，而于乐鼓钟之末云乎哉？谨记。

至正二十一年十二月一日

教授连五云，学正刘鼎、邓珠，学录胡克俊，耆儒胡世佐、孙正蒙、贺壂、王寿朋、廼贤、扬彝、郑觉民、王厚孙、张用庚、蒋景武、林元严、孔克樵、黄庭、赵峀、蒋光祖，直学宋烜，司吏方良玘、阮允章等立石

（部分）

宁波府重修学宫记(明正统四年,1439年)

宁波府重修学宫记(篆额)

宁波府重修学宫记

将仕佐郎宁波府儒学教授周玑撰

承直郎宁波府通判查琳书

承事郎宁波府推官陈克昌篆额

宁波古明州也。按郡志,唐开元间始建州学,宋天祐(禧)初,徙置学于郡治东北。建炎兵毁,绍兴七年,郡守仇悆复建学,始作明伦堂。元至元十九年堂毁,校官、儒士裒力复作,后为风雨摧压,莫之或支。大明洪武二十三年,有司奉朝命鸠工落成。迨今年久,为郡者往往以科征供给告疲,玩愒岁月,学校多不举。三山郑公以秋官主事,超拜二千石奉敕来守是邦,威惠大行,军民乐业。爰谒先圣庙,礼成,坐明伦堂,顾梁栋蠹腐,墁瓦剥落,斋舍悉颓圮,且堂逼,礼殿升降周旋厄于卑隘,公叹曰:“宁波浙之大郡,素称文献之地,而堂宇弗葺,因陋就简至于倾仆,而役民为之工用必倍,是养患以贻民戚也。”由是相度面势,恢宏旧规,慨然以兴学为己任。作论堂为间者七,材之坚者仍之,蠹者易之,倾者植之,颇者直之,缺者完之,隘者宽之,卑者垲之,实其基址比故位退后七寻有奇,崇倍其旧。复作后堂三间,为燕休之所,东西步廊各十,内为斋庐号房,如步廊数。又作过廊以掖堂之左右,鲜其涂塈,峻其栋宇,如翚斯飞,如鸟斯革。明堂甃石以广,且平门衍垣墙以及庖湢、圊溷,靡不备具。通为屋以间计之五十有余,充拓学基广一百六十余丈,易民地也。工用之需不烦于民,工兴,斯民相谓曰:“公慈牧我,公惠笃我,抚我育我,恐劳我力,趋事赴工我之职也,我何弗为,而辜公之惠耶?”踊跃请自效者如归市。肇工于正统元年冬十二月,讫工于明年夏四月。兹学至是始克大备,藏修息游,各适其所,佩衿来集,弦歌相闻,诚一郡之伟观,耸万姓之瞻仰也。玑乃谓训导郑珙、沈玒、殷礼曰:“政事因人而废兴,制度随时而损益,必人与时会,乃可舍旧而图新。天朝圣圣相承,兴学造士于兹七十年矣,学校之盛,弦诵之声,沨沨乎,郁郁乎,洋溢遐迩,贤才辈出,铺张鸿化,接武后先,使无良有司奉宣德意以振作之,则亦莫能致如是之盛也。若公者可谓钦承上命,克尽心于名教者矣!”玑之言安足为公重轻哉?然闻公主秋官事时,尝辨疑狱,活人命,名已载国史。此则谨其作新之岁月耳，故不敢以芜陋辞，姑摭其事之始终，并勒诸石，以志公德于不朽，俾后之来者知所劝云。

正统四年十月吉日　同知彭镛同立

宁波府重修儒学记(明成化二年,1466年)

宁波府重修儒学记(篆额)

资德大夫正治上卿工部尚书兼大理寺卿前都察院右都御史总督征南蛮军郡人王来撰

通奉大夫正治卿河南布政使司右布政郡人丰庆书

承德郎太仆寺寺丞前中书舍人郡人金湜篆

学校,王道所基,欲行王道,必自学校始,故党庠、遂序、国学之法立于三代,而王道大行矣。三代而降,王道之行漠如也。呜呼,岂言治者不知先学校哉?四明古称文献,郡学之建,昉于唐,更宋历元,圮毁不常。修复者几人?改创者几人?非不知以是为先务也。然亦有徒事观美,而于经生学子,惟术以樊笼之,不能弘敷仁义之教,敬明礼义廉耻之训,斯其人方之于目学校为传舍者,若少贤矣,而心术未明,视先王谨庠序之教、我国家崇儒重道之意,概乎其莫究也。天顺甲申冬十一月,孝感张侯奉天子命来守郡。三日,谒先圣庙,退坐讲堂,顾瞻惕然,乃曰:“栋宇倾压,祀肄弗恭,何以新士气?”于是劳心劬躬,抡五材,鸠众工,营谋相度,或因,或易,或扶倾,或直颇,或辟而增构,或崇而倍筑,丹碧藻绘,辉煌靓丽。功甫成而侯进爵大藩,留之不可得,教授成矩、训导杨通暨诸俊造,虑无以彰公之德,谒予有作。予谓记事必载其实,颂美当原其心。侯视篆周二祀,强暴息焰,渔蠹敛迹,富贫皆乐生,野谣士论尝谓侯有王者之化矣。况侯接士类如春阳煦物,而声色不假,启迪惟时,使得以服习乎仁义;身佣户调无所烦,使得以敦尚乎礼义廉耻,则侯今日之举,岂直观美为哉!予固知侯之心矣。新其门墙,将使防忤步于出入;新其堂宇,将使极高明于仰升俯降,将使左揖右让,而周旋有余地;新观德之亭,将使志专业工,而会文有常所;新肄业之斋,新藏修之室,配享有庙,从祀有廊,景贤有祠,而像设筵帘,乐舞礼器无乎不新,将使挹芳仰止,由希贤至于希圣也夫。然新其学,所以新其士,迹虽烦乎兴作,而教无不寓焉。侯其知行王道,而无负明天子付托之重也耶!由是士风丕变,民俗熙熙,农让耕,旅让路,负戴于道者无斑白,而四明文献允乎自是而增耀也。予老矣,尚能目睹其盛,用书镌之贞珉,俾将来者,知人心非不古,知王道非难行也。侯名瓒,字宗器,登彭时榜进士第,历官尚书工部郎,出守太原,改四明,今升广东参政。

同知刘文显、通判伍忠、推官陈浩、县丞孔温

成化二年岁在丙戌四月吉日立

董工老人赵维

匠作张荣

宁波府儒学尊经阁记(明成化四年，1468年)

宁波府儒学尊经阁记(篆额)

宁波府儒学尊经阁记

前行在交阯道监察御史广西提学按察佥事黄润玉撰

大中大夫福建布政司左参政致仕王仕华书

承德郎太仆寺寺丞前中书舍人金湜篆

道在天人，历万世犹一日，而王化远迩，则学政之隆替系焉。盖天之道一理气之流行，人之道一性情之当行而已。粤自太极开辟以来，理气在天顷刻不停，性情在人须臾莫离，是天人之道，夫岂有一息之或亡哉？然世运靡常，道或因之而通塞。若天道变常而灾异，人道变常而乖违，时必有圣人者出，察历象以齐七政，平水土而奠九州，兴庠序以敦五伦，制礼乐而贞百度，凡兹裁成辅相者不一而足。由是晦者明，壅者行，所谓上下同流，物各遂性，而天人之道得矣。当周之衰，圣王不作，斯道浸否，时则有孔子生，禀圣德，究知道之不行不明，由乎知愚贤不肖，互有过不及之差。乃删述六经，明先圣之道，垂后王之法，以诏万世。秦火虽烈，天鉴孔昭，焕乎韦编麟笔，洎孔辟汲冢之所藏者，寻显于汉。自是治天下者，得有所持循，建学立师，以明斯道。仰惟六经之文，日月丽天，虽五胡云扰，群雄慧侵，而斯文未尝为之晦蚀也。天启皇明，统一海宇，远宗尧舜，治教并隆，两京宏开太学，而郡县之学满天下，沿边军卫复立师增置儒学，法制大备，斯道大明，济济乎贤才之盛，上肩虞周，洋洋乎德化之行，下被蛮貊，诚圣朝万万年鸿图明效也。吾四明为浙东大郡，山川毓秀，文献传芳，有司祇承明诏，学政修举愈久愈隆。成化二年夏四月，莆阳方公由大理评事来守吾邦，时和岁稔，政举民安，恭谂同寅，节费捐俸，而大修郡学。始自礼殿，公率先搘藻井以承尘，次而两庑。贰守罗琐窗而障曝。由是僚属、庶民咸乐趋事，而讲堂、四斋、膳庖、库庾、门垣、廨舍，循循修葺。甫完，适佥宪吴公璘巡历诣学，钦睹圣朝御制经书，洎《五经四书》《性理大全》诸集颁赐在学者，宜置高爽以尽尊崇之礼，且以绝尘蠹之虞。二公协议，允惬众情，谨度也。讲堂之北建四阿重屋，堂修(空格待填)寻，广(空格待填)寻，崇(空格待填)，规模宏壮，位置有序，题曰尊经阁，上以庋所赐经籍，下以寓诸生藏修。复度射圃之南，甃石为池，环池筑屋百区，白盛莹室，海月明窗，以备诸生游息。肇工于是年秋九月，讫工于今年春三月。受檄程督，则鄞县尹刘侯升也。斯役也，实皆前政所未举，端启邦人之具瞻，固宜明吾道，昭成绩以告来者。抑稽虞、夏、商、周四代之学，皆所以明人伦也。然人之伦不越乎君臣、父子、长幼、夫妇、朋友之五常。人之生均禀夫天之五行，以具五性。性寓于气而发为喜怒哀乐之情，是性即天之理，情即天之气，而天下人人所同得者，故曰大本、曰达道。圣人之教因其所同而品节之，“经礼三百、曲礼三千”，举不出乎民生彝伦之外，人伦明于上，小民亲于下，斯人人亲其亲，长其长，而天下平矣。昔夫子观于乡而知王道之易，易政化之速，夫何求诸远且难乎？吁！天生斯民，立之司牧而寄以三事，然原王道之本，固以庶富居先，论王道之成，当以庠序为重。《记》曰：“古之王者，建国君民，教学为先。”是则王化所施，必自学政始，公之斯举，其得政之所先欤。郡教授成君矩属记勤至，谊不容以耄荒辞。于是乎记。若夫师生教学之规程，业术趋向之邪正，则有先儒之议论在。公名（空格待填），家世字行，备见甲戌登科录。贰守临清大族，时姓，名绎，由乡贡登上舍入仕云。

鄞县县丞孔温、主簿王文德、府委吏宋伦、老人赵维、儒学训导陈郕

成化四年八月吉日立

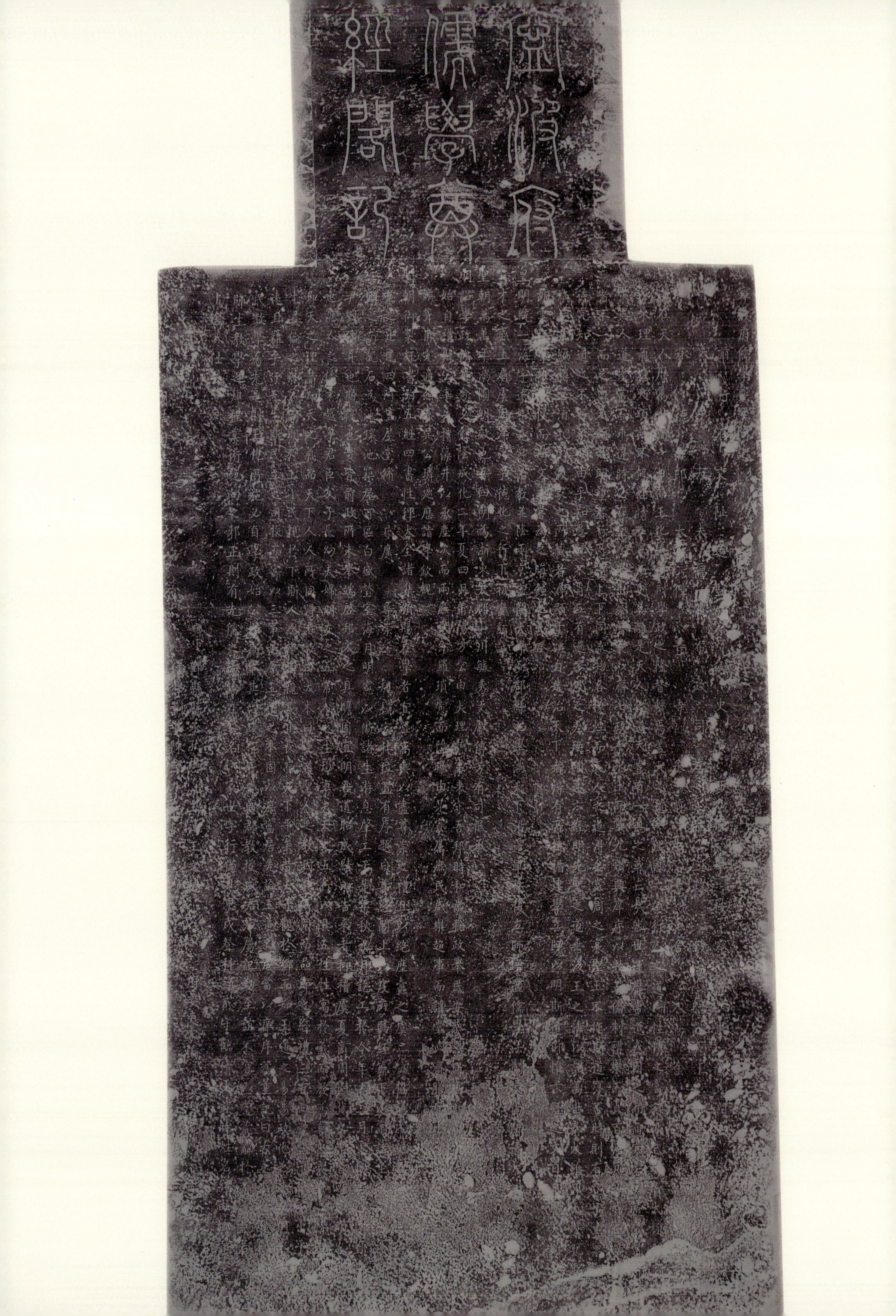

鳳翔府儒學尊經閣記

宁波府重修庙学记(明成化十三年,1477年)

宁波府重修庙学记(篆额)

宁波府重修庙学记

赐进士奉训大夫翰林院侍讲学士充经筵官兼修国史郡人杨守陈撰

赐进士奉政大夫修正庶尹兵武部选司郎中致仕郡人洪常书

承德郎太仆寺寺丞前中书舍人郡人金湜篆

皇上纪成化之十有三年,河南张侯赈守吾郡既六稔矣,心仁政善,民用辑宁,尤加意于教化之地。顾庙学皆完,独殿与两庑甃砖尽剥,遂撤而新之,于是执笾奉笾者,皆坦如矣。士寝食之屋犹隘或弊,乃为膳堂三楹,寝舍三十楹,于是退食入息者,皆裕如矣。学门外数武即民居,道隘且嚣尘,乃购民徙居以辟道,树两坊表于东西衢,于是弁而游学,舆而谒庙者,皆廓如矣。教授郑君玑肆谒余记。时有言者讲,尊孔子以帝号,而加笾豆、舞佾以称其衮冕一如天子(制)。有司阻之,乃迁其说,谓不加帝号犹可,而笾豆、舞佾在所必加。朝廷从之,加笾豆十二,舞佾八。此固尊崇圣师之盛典矣,然犹未臻于极焉。孔子道德教化之盛,贤尧舜而配天地,自生民以至于今,一人而已。后世人君皆师之,则皆其弟子也,尊崇之典必当臻乎极而后已。夫礼因人情,可以义起。周公制礼追王其父祖前未有也。师生恩义同父子,子可追王其父,生不可追王其师乎?人君师孔子而追王之,固礼也,而未为礼之至者。古之皇帝王皆因时建号,非有等差。然自秦始称皇帝,而后世有天下者,无不称帝。其父祖虽编氓伍卒,亦追帝之,而於周之臣则皆封之为王。盖异帝为君号,王为臣爵,虽尊矣,且下臣,礼当其为师,则不臣也,况异代之圣师而可臣耶?王孔子而不帝,是犹臣之也,其可乎哉?故必帝之,乃见不臣之礼,而为尊崇之典之极焉。在宋,真宗已欲帝之矣,其下不能将顺而沮之,谓孔子周之陪臣,周止称王,不当加以帝号。夫谓之周陪臣,则虽公之与鲁公班不可,况王之与周王埒乎?既王之,则固谓其万世之圣师,而不以周之陪臣视之矣,于周何预,而不当帝耶?故先儒罗从彦谓可以加帝号而褒崇之,诚百世不易之至论也。今言者迁就有司之说,谓周人当用周制,王乃天王之王,非国王之王,故不帝犹可。夫用周制则当称"鲁大司寇"耳,安可王之王之者?自后世尊崇之典,非周制也。在周制则王犹帝耳,在后世则帝之与王犹天泽之不可混,犹冠履之不可殽矣。尚可以周制论哉？尊异代之圣师，而用当代之臣爵，曰“此天王也，彼国王也”，则亦非正名别嫌之礼矣，孰若初说帝号之为确乎。我太祖高皇帝之定祀礼也，凡岳、镇、海、渎，皆革去旧封，止以山水本名称其神，若所谓东岳泰山之神是已。至于忠臣烈士，亦止称当时爵号，而革去后世之封，若所谓吴泰伯之神是已。独以孔子善明先王之道，为天下师，以济后世，非有功于主方一时者，此故不称“鲁大司寇”，而仍旧号“大成至圣文宣王”，其尊崇之心极至而莫之加矣。但当时未有援宋真宗、罗从彦告者，故未及帝之耳。今有司沮言者，乃谓旧制而不肯更。夫以太祖尊崇圣师之心，如彼其至苟闻今议，有不播然更耶？彼有司于异端与他政弗能一一遵旧制也，而此独曰旧制，岂旧制果不敢更耶？又谓孔子之道惟在身体而力行之，谥号器数皆不足较。夫道在身体力行是矣，余亦安可置之？如彼其说，则明王但奉天道、绳祖武足矣，而又尊称上帝、追王先公，制为郊社禘尝之礼乐，皆必极其至而足为万世式者，何耶？有司之议过矣。然自汉以至于今，儒之僻隘者，岂独不欲吾圣师，帝虽公之、王之、谥加数字天子拜之，郡县祀之，冕服、笾豆、舞佾如天子制，皆谓不可，甚而谓献官以皇帝遣而北面揖，其礼太重，请改东面。此岂特不知礼而已，盖亦无是非之心者也。然人心之天理自著于久，万世之公论，卒定于一故。既王之，又累数字谥之，天子北面拜之，郡县通祀之，而全用天子之礼乐矣，独帝号未加，尚为阙典。今若不加，后世亦必有加之者。圣皇良弼，岂容有阙典待后世哉？行将举此至极之盛典，超百王而宪万世也欤，因并记以俟。虽然，孔子之道在君臣犹当身体而力行之，况士乎？今士结发诵孔子书，而讲明其道，口之以为说，笔之以成文者，比比然也，求其身体力行者何其鲜耶？盖徒志抡魁而不志圣贤，徒贵高爵而不贵令闻，徒学文辞而不学道德，故耳苟于此焉。审其轻重缓急而志圣贤，而贵令闻，而学道德，始于持敬格物，渐于立诚端本，进于克私反（返）礼，而造于从心所欲，不逾矩则至极矣。虽或未极而道德一有诸已，则文辞自工，抡魁自得，而高爵自至矣。有不得不至者，命也。彼颛颛于文辞者，亦岂能必得均之有命，孰若力学道德，而不虚为孔子徒也。尊孔子必加帝号，而后为尊之极，余既有攸望矣。学孔子必备圣德，而后为学之极。予宁无攸劝乎，故附记以告。若吾郡人材之秀杰，风俗之纯懿，与庙学之沿革，则郡人李公璜、王公应麟、金华黄公溍前记备矣，余无重书。

同知王琰，通判徐公善、周完，推官朱钦，训导虞徵、林槐，老人赵（下缺）

成化十三年岁在丁酉八月吉旦立

廬州府重修廟學記

宁波府重修儒学记(明弘治十三年,1500年)

宁波府重修儒学记

赐进士奉训大夫南京兵部车驾司员外郎郡人严端撰文

赐进士光禄大夫柱国太子太傅吏部尚书郡人屠滽篆额

赐进士嘉议大夫都察院右副都御史郡人朱瑄书丹

皇明混一区宇百有三十年,海内久安,四夷宾服,揆厥所由,实惟我太祖高皇帝创业垂统,列圣相承,其所以制治而保邦者。惟当务为急,乃注意于贤才攸出之地,为之建学立师,崇儒重道。迹虽稽古,而法制尤加详焉。且学古无庙,历唐、宋、元,附庙于学,为崇德报功之所。我朝因之,增笾豆、舞佾而隆其祀,享于无穷。学古不专准人、牧夫之任,今则专职宪臣,以总督其学政,又以郡县之提调,属之守令,与夫劝惩督课,兴事考成,责有归焉。维时命乡论秀,宾兴贤能,必自兹始,其法制大备,而惓惓急先务之意至矣。吾四明甲两浙诸郡,庙学之建,肇于宋天禧间,而宏规杰制尤为诸学之冠,频年固有加意于斯者矣。然而岁久易于湮圮,颓剧艰于缮修,不时缉而屡省之,可乎?明郡守伍侯临莅之初,不遑他务,而意有在焉。每至学谒庙,必退坐讲堂,稽生徒之勤惰而劝惩之。其于工作当兴,而建置之不容已者,固已默定其规画矣。未几,命属量事期,计徒庸,虑财用,凡殿庑之攲者正之,弊者新之,摧颓已甚者属役而营葺之。谓东西四斋不足以备藏修,而寝息之舍多为废址,乃于讲堂东构楹二十一间,上栋下宇,架阁为楼,于其西葺旧二十间,外增新者五。通判茹公赞之虑师生无会馔之所,遂相度便宜,鼎建一堂于射圃北,为间者三,而左右庖湢之处备焉。其间道路、垣墉,与夫设色抟埴工之不可废者,靡不周悉其工。肇于弘治戊午,落成于明年之己未冬。迹其设施措置,不殚民力,不科民财,而亟乘如此,岂徒为一时之观美哉?要使在泮之士,食于斯,寝于斯,朝益莫习于斯,讲明圣贤之奥旨,探索义理之渊微。论二帝、三王之治,不可不求其道;求二帝、三王之道,不可不原其心,得其心则治与道在是矣。然孔子虽不得君师之位以行其政教,其所以删述赞修,而继往开来者,莫非帝王之心法,治道实与政教相为表里。多士今日之所藏修,岂外此而他求哉?侯固以学校为为政之首,而知所先务矣。要之责成多士之心,实不出此。此所以取捷秋科者数倍于昔,而登名甲榜,尤有优然特出之士,此非贤侯兴起斯文之明验欤。予不文,幸目染侯之能官，且重职儒典教者以记请，僭敢述其作兴之岁月。若夫侯之循良政治，令闻昭彰，固有大书而特书之者，兹不备。侯名符，字朝信，安福世家，登费宏榜进士，选入翰林为庶吉士，转刑部员外郎而至今官。

宁波府同知官贤，通判沈希达、茹銮，推官陈钟，鄞县知县赵经，县丞郑茂，主簿石富董工，训导刘庭杰、朱子宣、王济、王洋（下缺）

大明弘治十三年岁次庚申秋八月上浣吉旦立

重修儒学记(明万历四十七年，1619年)

鄞县重修儒学碑

邑民戴德立刻

鄞学□□□建自唐开元，重建于宋嘉定，若两庑、棂星门、启圣宫、尊经阁、明伦堂、名宦乡贤祠暨斋舍，则重建于我明弘嘉间，远者垂四百年，近且百余年。物以是葺，未几具以颓圮告。云间沈侯令吾邑，遂大修学宫，遴干才敏赡者董其事，庀材加精，鸠工加毖。役告成，例当勒言贞珉，两博士率弟子员因造余请。余惟尼父宗帝宪王，传斯文于未坠，彬彬高弟子，即环集若繁星，总以四科分品概耳。士隶泽宫，宁直以帖括代羔雉，猎取腆膴？要当从编简中想见先哲芳履，而负绳以趋，令有道者不胜屈指曰某修姱，某茹含今古，某罄款落玑璇，某奏荩（进）王室勋伐烂然在钟鼎，其增吾道气彩不鲜哉！鄞故东南才薮，孝友、勋业、理学、文章之彦贲相望于先后，皆从子衿鹊起也。侯概于衷久矣，故下车特详造士之法，兹更新庙学，亦微独轮奂丹垩，以宫墙之美为子衿生色，实冀子衿贲如斗之光，为宫墙生色耳！诸君其何以副侯望？余惟当世祇服圣言，得学道爱人之旨者无如侯，诸君所斤斤法程者，亦无如侯。往侯未莅甬，甬人士颂侯公车牍。洎所行笈珎，共咋舌叹慕，谢朝华、启夕秀，真词坫主盟哉，不翅山斗企之。今且得御李矣，鸿仪无日不在望矣。雅闻侯最初一念甚笃挚，依然明发之怀，年甫逾弱冠，而功深温养，德器莹若楚璧，刘览罄酉岩之藏，绮思霞蔚，乃居恒绝不轻矢片语，语默必成爻象，励酌泉之节以端轨，而后议敷政大归。以岁之丰啬，关民行淑慝，核河渠堤圩之阏窦，封洩有加，故岁无云汉谣。岁方稔，即为民卒岁虑，无令阑出粟，故涝伤稼粟不至翔贵，野无萑符警。以颖识厘一切蠡蠹，舞文敛手，虞芮质成，持勾符者不至乡亭平台。惟三代之直道，至衡士秇如悬照乘珠，诸所奖拔宾兴皆得隽。而最令人心折者，旁午中判案牍，定千百祀便计于咄嗟间，藉非家视四境，子视庶民，梦想惟经政之承，何以得此？夫侯士鹄也，诸君诚矢心赴的，以期速肖虬潜，则视侯明德，砥吾百行，入以刑庭除，出以仪乡曲，便便腹笥，傅彩笔而奏之。令海内见名儒之潜养鸿翥，则视侯所扬采为章程，任巨肩鸿，识力恢恢有余地。令海内见名儒之经济，则匪特为宫墙光，侯与有光矣。虽然，四科士非截然胪分也，颜子渊居德行，自是王佐才；季路重茵列鼎，悲二人不逮禄养，亦非纯以政事见长。尤愿诸君听功名于异日，养道气于平时，则所为颂法更真矣。夫甬故东越地，六千君子之遗风，然当年豢吴之习，亦未尽陶汰。诸君以趋步侯者，为井邑观，俾至道自今日始，即谓甬上学宫俨然洙泗上也可，诸君念旃。侯讳犹龙，字人伯，别号云叔，直隶华亭人，成万历丙辰进士。

赐进士出身通议大夫都察院右副都御史奉敕巡检福建等处地方邑人丁继嗣撰

门人黄鼎鼐篆额

邑民童嘉猷书

明万历己未岁夏日

署教谕事举人董懋明，训导叶崇隆、叶朗然、叶继康

署甬东司事监修照磨沈应诏

生员

丁泰明　赵琦徵　黄莱存　陈希廉　范大捷　黄有成　潘光岳　朱基昌

徐兆东　徐阳肇　李朝儒　王云龙　徐学进　王道贞　李　道　万逢泰

张应谷　陈瑞云　朱金芝　葛瑞麟　徐阳泰　沈延禧　管　起　徐兆蕃

陈士宗　张圭章　赵嘉徵　史宗昌　徐明礼　丘从周　沈以谅　史宗隆

赵久徵　李文经　葛瑞熊　吴葆和　林养心　柴懋彬　黄振古　邵　濬

邵之藩　姚思永　史宗华　黄崇金　徐文进　陈叔瑞　邵　湘　陈瑞雷

张子骥　周应宷　朱兆晋　李文纬　闻世泰　周应龙　王倬然　陈应铉

叶世选　杨玄植　孙昌支　周日元　黄宗宪　钱益忠　倪元辅　庄　情

黄嘉佩　陆士桢　李文统　陈瑞雩　李振琔　黄嘉荐　孙志选　陈绍稷

林文熜　陈绍秩　黄鼎盛　李振珽　陆宗煦　魏曰俞　陈弘学　金凤塘

陈　放　包梦图　全天麟　李正孙　施　宾　庄敏先　朱　坊　庄振光

庄效先　余诗训　陆鸣坷　朱颜士　范光德　黄日严　卓麟台　吕鸣坷

陈泰佑　宋承塄　陈一讚　唐上标　庄振先　厉朝范　唐敏馨　汪必化

戴清世　柴汝楫　宋祥麟　丘承谟　陈士俨　董守谕　杨秉懋　董应昌

董德兴　杨德建　张应崧　方　升　宋康政　杨东鼐　陈应鲲　柴士元

汪顺寿　李兆胤　何遵约　何遵法　陈国士　李光斗　董应日　杜咨益

吕民治　韩　榜　朱兆壮　杜冋益

宁波府重修府学记(明崇祯十四年,1641年)

重修宁波府学碑记(篆额)

宁波府重修府学记

赐进士第通议大夫吏部左侍郎前刑部左侍郎顺天府府尹大理寺右少卿江西湖广两道监察御史奉敕巡按直隶苏松等处巡视京营太仓督理直省饷务侍经筵郡人林栋隆撰文

赐进士及第翰林院编修郡人葛世振篆额

原夫学宫之设,文籍繇生,爵佾时举,实为风教所关。自其文观天人,典命夷夔,莫不庄肃教之地,饬和神之居,而况崇德明祀,千载弥光,尊本宣化,风徽邈远者哉!我宁载肇创兴,规制爽垲,滋育才俊,蔚为名臣,而回游鳞次,颠俄时及,其所以葺理者非一焉。兹复岁飘风雨,多历年所,而正殿、明伦堂与两斋庑又已倾圮,未见揆营。有新安许公守吾宁,见其荒毁,乃捐百金,谋为整顿,择耆庀事,殿工方就绪,欻趣旌西粤以去,厥用莫继,将中辍焉,能无待诸后人?丁丑冬,清漳林公来守吾郡,甫下车,抵谒目击颓坏,慨然曰:"此作范之所,政化是藉,如此何以起肃?"乃与博士弟子员商所以自捐俸外,益以赎锾,鸠工储材,昕夕营度,仍命干材之耆倪景恒等督其役。凡当因除,悉萦厥怀,且嘱之曰:"此之缮修,实惟永图,当视毋忽。"于是救筑缤纷,陾陾甍甍,费缗孔多毫不输派,数阅月而告成。宫殿崔巍,欂栌振耀,丹雘维错,攰费锦缋,使人望而知肃,以兴起宁人士。其所以经画者至矣,仲翁芳绩得独修姱蜀国哉!且种种美政未易更仆,诸如屠妖龙,法猾贼,旱不为虐,饥克恤赈,鲸鲵波息,而海净灾氛,圜室风清,而狱无冤民,几于淮阳卧理。谣颂悉宣,不独一兴葺足侈也。然而人文之事,尤公所钟注,闻其较试矢日,屏黜幸窦,芳醇无亏,瓦玟不淣,秖有怀石之惭,无复遗珠之叹。即此,可以见公修学意也。诸义耆等偕此思皇,沐公厚德,钦公盛举,乞言于余,勒垂不朽。余见前此不乏任是事者,未有如公之忠诚简至,无苟无扰。功施著而泽足思,诸多士以时习礼,顾瞻穹奕,能无慕公鼎新之义?入圜桥而鄙马融、王弼之风;进射圃而引公裘、序点之觯,敦先品谊、崇尚气节,则济济宁文,蒸髦光国。公固以万世育人,一朝诸多士,宁不可以自许。报公罔极,岂必杜公碑?庶几永立贤,然后媲嫓往喆哉!林公讳梦官,字(空二格待填),别号风玉,登崇祯甲戌科进士,系福建漳州府龙溪县人。

崇祯辛巳岁季春月谷旦

教授刘洪鑛

训导何乔遇、王均华

督工耆民倪景恒、孙枝元、薛焕、韩恒、陈朝佐、徐一寿

邑庠生门人倪玄楷书丹

生员

孙和臣　倪元赞　韩一晋　薛之玄　陈文奕　徐□□　张美胤　倪玄奎

薛　仪　张　玑　徐凤仪　陈邦奇　□　□　黄有盛　祝以祚　倪　通

孙　贤　张宏祚

鄞民竺金龙刊

宁波府学历代崇祀乡贤题名碑(清雍正六年,1728年)

宁波府学历代崇祀乡贤题名碑

周

文　种　鄞,越大夫,谥冠忠节

汉

黄　公　鄞,四皓之一,庙祀黄公林

任　奕　鄞,御史中丞,著作粲盛

董　黯　鄞,纯德征君,敕赐立祠,四建董孝子庙

唐

贺知章　鄞,秘书监,归隐镜湖,祀建三庙

虞　喜　慈,博学著述,屡征不赴

黄　晟　鄞,本郡刺史加太傅,有武功,祀建四庙

孙　郃　奉,左拾遗,不臣后梁,志载忠节

宋

王　致　鄞,理学征君,祀鄞江庙

杨　适　慈,理学征君,遁大隐山

杜　醇　慈,理学高隐,延为鄞、慈教授

楼　郁　鄞,理学,皇祐癸巳进士,大理寺评事

王　说　鄞,理学,熙宁丙辰进士,明州长史,赐桃源书院

以上庆历五先生,学先濂洛

丰　稷　鄞,嘉祐辛丑进士,枢密直学士,谥清敏

陈　禾　鄞,元符庚辰进士,御史,敢谏,留碎衣旌直,谥文介

林　保　鄞,政和壬辰进士,敷文阁待制,文学著述,祀霖泽庙

高　闶　鄞,绍兴辛亥赐进士,少宗伯,文学著述,赠少师,谥宪敏

魏　杞　鄞,绍兴壬戌进士,枢密参政,奉使不辱,谥文节

汪大猷　鄞,绍兴乙丑进士,敷文阁学士,谥庄靖

陈居仁　鄞,绍兴辛未进士,文华阁学士,治行□□第一,谥文懿

高元之　鄞，文学孝廉，万竹先生

楼　钥　鄞，隆兴癸未进士，大学士，正言直臣，赠太师，谥宣献

楼　昉　鄞，绍熙癸丑进士，文学，广教，追赠学士，祀甬东书院

沈　焕　鄞，乾道己丑进士，舒州通判，追赠直文华阁，特谥端宪

杨　简　慈，乾道己丑进士，宝谟阁学士，谥文元

舒　璘　奉，乾道壬辰进士，宜州通判，特谥文靖

袁　燮　鄞，淳熙辛丑进士，祭酒，赠龙图阁学士，谥正献

以上淳熙四君子，象山正脉，祠建镇明岭

林　暐　鄞，韶州司户，建炎州毁，首建学宫，输田养士

袁　甫　鄞，嘉定甲戌状元，大司马，谥正肃

史弥巩　鄞，嘉定丁丑进士，直文华阁，守正名臣

陈　埙　鄞，嘉定丁丑进士，少宗伯，正直名臣

李　育　宗伯、理学，为世儒宗

王应麟　鄞，淳祐辛丑进士，博学宏词、大宗伯，文天祥师

黄　震　慈，宝祐丙辰进士，文学著述□，谥文洁

戴表元　奉，咸淳辛未进士，四任教授，文章大家

袁　镛　鄞，咸淳辛未进士，遭元兵难，阖门死节，祀忠臣祠

元

袁　桷　鄞，文学翰林学士，赠陈（此似脱“留”字）郡公，谥文清

程端礼　鄞，台州路教授

程端学　鄞，至治甲子进士，翰林编修，昆季理学比河南二程

陈　桱　奉，文学、翰林学士，著《通鉴续编》

明

钱　唐　象，洪武博学硕儒，大司寇，定孔庙释奠、孟子配享

郑　真　鄞，洪武辛亥解元，两任教授，理学儒宗

桂彦良　慈，隐居，明太祖召见授太子正字，称江南大儒，帝者师

傅　恕　鄞，洪武初献策授博望令，有古循良风

郑本忠　鄞，洪武六年明经，秦府教授

戴德彝　奉，洪武甲戌探花，翰林改御史，靖难殉节，正气首倡

陈敬宗　慈，永乐甲申进士，学优行正，祭酒，赠少宗伯，谥文定

陈本深　鄞，永乐戊子举人，知吉安府，有惠政，立祠
谢　升　鄞，永乐己丑进士，四川道御史，清廉执孝
黄润玉　鄞，永乐庚子□□经魁，教授擢御史、广西学政，南山先生
戴　浩　鄞，永乐庚子举人，三任知府，俱祀名宦
余　麟　鄞，永乐癸卯举人，礼部郎中，止勘袭封衍圣，升河南参政
张　楷　慈，永乐甲辰进士，御史升佥都、经略，名臣
陆　瑜　鄞，宣德癸丑进士，大司寇，谥康僖
邵　玉　鄞，宣德乙卯举人，四秉教铎，历任云、贵学政
钱　奂　鄞，正统丙辰进士，给谏，湖广方伯
陈　濂　鄞，正统乙丑进士，右副都御史督漕，卒于王事
杨守陈　鄞，景泰庚午解元联捷，翰林仕至少宰，赠宗伯，谥文懿
董　琳　鄞，景泰甲戌进士，湖广道监察御史
冯　厚　慈，景泰明经，淮府长史，辑《文翰类选大成》
毛　弘　鄞，天顺丁丑进士，刑科都谏，古遗直
杨守随　鄞，成化丙戌进士，大司空，赠宫保，谥庄简
屠　滽　鄞，成化丙戌进士，冢宰加宫保，谥襄惠
朱　瑄　鄞，成化己丑进士，都御史，廉无以殓
卢　瑀　鄞，成化己丑进士，给谏，知广平府
张　昺　鄞，成化壬辰进士，县令擢御史，神异，详郡志
杨守阯　鄞，成化乙酉解元，戊戌会经元榜眼，冢宰，赠宫保
杨文卿　鄞，成化戊子解元，戊戌会经元，两任学政
杨茂元　鄞，成化辛卯经魁，乙未进士，少司寇
陈　振　鄞，成化辛丑进士，山东方伯，清介居乡，饿死
戴　櫕　鄞，明经，兴化训导，子四俱进士显宦
王　瑫　鄞，成化辛丑进士，御史、知长沙府
杨守隅　鄞，成化甲辰进士，广西方伯
李　堂　鄞，成化丁未会魁，少司空
杨茂仁　鄞，成化丁未进士，四川廉使
方　志　鄞，成化丁未进士，御史、南京学政，祀名宦
董　钥　鄞，弘治庚戌进士，云南道监察御史

陆　偁　鄞,弘治癸丑进士,御史迁福建副使,二子巍科,寿大耋
钱　瓒　鄞,弘治己未进士,广西副使
张　泮　鄞,弘治辛酉举人,辞丰邑令,愿改汀教奉母,祀名宦
陆　健　鄞,弘治壬戌进士,福建副使,廉无以殓
张邦奇　鄞,弘治乙丑进士,冢宰加宫保,谥文定,理学名臣
闻　渊　鄞,弘治乙丑进士,冢宰,赠少保,谥庄简,功惠湖田,祀惠民祠
陈　槐　鄞,弘治乙丑进士,湖广副使,居乡功惠湖民,祀崇德祠
王应鹏　鄞,正德戊辰进士,御史,两督学政,升副都
余　本　鄞,正德辛未榜眼,右通政博学
屠　侨　鄞,正德辛未进士,大司寇加宫保,谥简肃
黄宗明　鄞,正德甲戌进士,少宗伯
谢汝仪　鄞,正德甲戌进士,江西廉使,清介,卒无以殓
闻　泽　鄞,正德甲戌进士,江西参议
黄　绶　鄞,正德甲戌进士,山东佥事,议礼诤臣
柴　经　鄞,正德丁丑进士,副都御史
陆　釴　鄞,正德辛巳榜眼,山东学政,修《山东通志》
王　相　鄞,正德辛巳进士,翰林编修,议礼百折不屈
杨　言　鄞,正德辛巳进士,谏垣正气,两建忠谏坊
沈汝璋　鄞,正德己卯举人,郧阳府同知
李维孝　鄞,嘉靖壬午举人,庐州府通判,追赠宗伯
屠大山　鄞,嘉靖癸未进士,少司马,州湖总督
张时彻　鄞,嘉靖癸未进士,大司马,修《宁波府志》
陆　铨　鄞,嘉靖癸未会经元,广东方伯
王　钫　奉,嘉靖癸未进士,大司空
李循义　鄞,嘉靖癸未进士,御史迁衡州府,追赠少司马
陈　侃　鄞,嘉靖丙戌进士,太仆寺卿
冯　岳　慈,嘉靖丙戌进士,大司寇
范　钦　鄞,嘉靖壬辰进士,少司马
余永麟　鄞,嘉靖戊子举人,苏州府通判,追赠大学士
全元立　鄞,嘉靖乙未进士,翰林历升少司空

范　镐　鄞，嘉靖丁酉举人，宁国令
沈仁佶　鄞，嘉靖耆宿，赠大学士
冯世泰　慈，嘉靖秦藩右傅。乾隆三十年补入
袁　炜　慈，嘉靖戊戌会元探花，大学士，谥文荣
张子瑫　鄞，嘉靖辛丑进士，光禄寺少卿
黄元肃　鄞，乡贡鸿胪寺署丞，祀实善祠
钱　峄　鄞，嘉靖甲辰进士，副使
董邦乐　鄞，嘉靖丙午举人，浮梁令，祀名宦
黄元恭　鄞，嘉靖丁未进士，河南佥事
张　渊　鄞，嘉靖丁未进士，贵州方伯
汪　镗　鄞，嘉靖丁未进士，翰林，历升大宗伯
冯叔吉　慈，嘉靖癸丑进士，方伯
颜　鲸　慈，嘉靖丙辰进士，御史，督学，升太仆寺卿
刘志伊　慈，嘉靖丙辰进士，少司空
李承嗣　鄞，嘉靖己未进士，工部主事
姜国华　慈，嘉靖己未进士，陕西参政
余有丁　鄞，嘉靖壬戌探花，大学士加宫保，谥文敏
陈大章　鄞，嘉靖壬戌进士，福建佥事
朱　泰　鄞，嘉靖壬戌进士，知府
王伯化　鄞，嘉靖时倭寇犯境，代母杀身
赵　龙　鄞，理学明经，怀宁训导，赠大司寇
冯　讃　慈，嘉靖甲子举人，文学
李生威　鄞，嘉靖甲子举人，凤阳府司理，追赠少司马
管大勋　鄞，嘉靖乙丑进士，方伯加光禄卿
范　钜　鄞，嘉靖乙丑恩贡，常熟教谕
沈一贯　鄞，隆庆戊辰会魁，大学士，赠太师，谥文恭
徐应奎　鄞，隆庆戊辰进士，广东方伯加太常卿
戴　洵　奉，隆庆戊辰进士，祭酒，正直不阿
邵　城　鄞，隆庆戊辰进士，刑部郎中
周　保　鄞，隆庆辛未进士，福建运使

孙成名　慈，隆庆辛未进士，御史，督学

陈　言　鄞，隆庆明经，石城令

赵参鲁　鄞，隆庆辛未进士，翰林历升大司寇加宫保，谥端简

朱　莹　鄞，万历癸酉举人，河南佥事

徐　待　鄞，万历甲戌进士，御史升江西佥事

高　萃　鄞，万历甲戌进士，肇庆知府

董　檝　鄞，万历丁丑进士，翰林院修撰

周天觉　鄞，万历己卯举人，邓州知州

沈一中　鄞，万历庚辰进士，贵州方伯

余　寅　鄞，万历庚辰进士，陕西督学加太常卿

陆懋龙　鄞，万历庚辰进士，刑科都谏

林可成　鄞，万历庚辰进士，御史，监试卒于公座，建忠勤祠

周应治　鄞，万历庚辰进士，山东督学，升湖广副使

周应宾　鄞，万历癸未进士，大宗伯加宫保，谥文穆

王　佐　鄞，万历癸未进士，江西督学，升大司空，谥庄简

丁继嗣　鄞，万历癸未进士，副都御史巡抚福建

冯有经　慈，万历乙酉举人，孝子

李承宷　鄞，万历乙酉明经，衢州府教授，赠大宗伯

全天叙　鄞，万历丙戌进士，翰林编修，升学士，赠少宗伯，赐荫

薛三才　镇，万历丙戌进士，大司马

林祖述　鄞，万历丙戌进士，翰林改御史

周应洲　鄞，明经，苏州府同知

水卿谟　鄞，万历丙戌进士，宁国令调丹阳，两祀名宦

葛文炳　鄞，万历戊子举人，大理寺评事

傅光前　鄞，万历己丑进士，吏部主事

朱　寿　鄞，万历壬辰进士，御史

李德先　鄞，邑博士，赠少司马

徐时进　鄞，万历乙未进士，大理寺卿

范　钫　鄞，万历乙未进士，参政

陆大漳　鄞，明经，赠太仆寺少卿

朱　勋　鄞，万历丁酉举人，松江府同知
葛仁美　鄞，万历庚子举人，广西副使，平交趾，有武功
王嗣奭　鄞，万历庚子举人，涪州知州，著述渊富
范大濩　鄞，乡贡，将、乐二尹，赠刑部郎中
董光宏　鄞，万历辛丑进士，少司马，赠右都御史
李　柼　鄞，万历辛丑进士，佥都御史兼少司马，巡检贵州
杨守勤　慈，万历甲辰会元状元，左春坊
范大澈　鄞，乡贡鸿胪寺序班，屡使外国
范汝梓　鄞，万历甲辰进士，襄阳知府，守孤城自殒
李康先　鄞，万历丁未进士，翰林升大宗伯加宫保
黄景章　鄞，万历丁未进士，应天府尹，赠少司空
陆世科　鄞，万历丁未进士，大理寺卿，赠都御史
沈九畴　鄞，万历丁丑进士，河南督学，升江西方伯
董应圭　鄞，万历己酉经元，历和、易、邓三州，升保定丞，守邓城瘁卒，祀名宦
项良梓　鄞，万历庚戌进士，山西副使
张凤墀　鄞，万历壬子举人，兴化府同知
李先嘉　鄞，文学博士，赠御史
沈凤超　鄞，万历癸丑进士，海阳令
殷宗辅　鄞，万历癸丑进士，东阿令，卓异考天下第一
李振珽　鄞，万历戊午举人，宝庆知府，遭难尽忠，一弟三仆并死
李　遵　鄞，万历己未进士，御史
林文燮　鄞，天启辛酉副车，赠太常寺少卿
水佳胤　鄞，天启壬戌进士，御史督学湖广，升广东兵备
董守谕　鄞，天启甲子举人，高隐著述
谢一爵　鄞，赠太仆寺卿
李　楠　鄞，天启甲子副车营山令，升提举
徐之垣　鄞，天启乙丑进士，御史督学江北
谢三宾　鄞，天启乙丑会经元，御史晋太仆寺少卿
丰　建　鄞，天启乙丑进士，知府
高斗枢　鄞，崇祯戊辰进士，副都御史陕西巡抚

钱启忠　鄞，崇祯戊辰进士，山东督学

沈延嘉　鄞，崇祯辛未进士，翰林历升洗马

董德偁　鄞，崇祯丙子举人，孝友，详志乘

万　泰　鄞，崇祯丙子举人，理学

钱肃乐　鄞，崇祯丁丑进士，刑部员外

陈良谟　鄞，崇祯辛未进士，御史，甲申阖门死节，国朝赐谥恭洁

谢于宣　鄞，崇被癸未进士，行人，甲申遭闯难

葛世振　鄞，崇祯庚辰进士，翰林编修，东宫讲读

林时对　鄞，崇祯庚辰进士，太常寺少卿

孙荣旭　鄞，崇祯癸未进士，刑部员外

林必达　鄞，崇祯癸未进士，行人

以上甬江四节，屡征不赴

赵景麟　鄞，生员，崇祯甲申（下缺）

沈泰鸿　鄞，象贤尚宝卿

沈泰泳　鄞，象贤马湖府知府

余绳训　鄞，象贤刑部郎中

沈泰藩　鄞，象贤太常寺卿

范大捷　鄞，邑博士孝友，载志

范汝楠　鄞，□□□主事

史起扬　鄞，赠翰林（下缺）

范茂崧　鄞，博士，赠庶吉士

范汝梓　鄞，乡贡文学

黄鼎盛　鄞，赠行人

黄鼎寅　鄞，赠副都御史，晋阶一品

国朝

史大成　鄞，顺治乙未状元，礼部侍郎

范光文　鄞，顺治己丑二甲传胪，吏部主事

范光遇　鄞，顺治己丑进士，兖州知府

黄象雍　鄞，顺治己丑进士，礼部郎中

屠维灏　鄞，赠少司马

范光远　鄞，赠河南按察使

胡世卿　鄞，赠福建道御史

范廷元　鄞，顺治己丑进士，翰林升广东（下缺）

（姓名籍贯待填）顺治（下缺）

戎观化　鄞，赠吏部郎中

胡文学　鄞，顺治壬辰进士，御史巡视两淮

戎上德　鄞，顺治壬辰进士，通政参议

范廷魁　鄞，顺治乙未进士（下缺）

邵元长　慈，顺治（下缺）

屠粹忠　鄞，顺治戊子举人（下缺）

董允怿　鄞，顺治丁酉举人（下缺）

陈鸿绩　鄞，顺治丁酉举人□□□翰林检讨

邵于道　慈，顺治戊戌进士（下缺）

黄道弘　鄞，顺治辛丑进士（下缺）

左应斗　鄞，顺治明经，平阳训导，赠□□□中

董允瑫　鄞，康熙己酉举人，文学□□

黄　斐　鄞，康熙庚戌进士，翰林□御史□升副□，晋阶二□

（上缺）康熙庚戌（下缺）

谢三台　鄞（下缺）

徐懋昭　鄞（下缺）

（脱一行）

袁元鼎　鄞（下缺）

仇遵道　鄞（下缺）

邵岳斗　鄞，康熙丁未进士（下缺）

袁时中　鄞，康熙丁未进士（下缺）

谢于道　鄞，康熙癸丑进士（下缺）

陆经正　鄞，康熙癸丑进士（下缺）

陈锡嘏　鄞，康熙丙辰进士（下缺）

（姓名、籍贯空缺未填）康熙（下缺）

（姓名、籍贯空缺未填）康熙乙丑（下缺）

范光阳　鄞，康熙戊辰会元□□□知延平府

万斯大　鄞，经学，赠翰林编修

毛云□　鄞，高隐，赠户部员外

胡文□　鄞，廪贡，博□令

陈　贞　鄞，贡□□□□遭□难，赠江西佥事

胡德迈　鄞，康熙丁巳举人，选河南道御史升顺天府丞

柯□任　鄞，康熙辛酉云南经元理学

陈汝咸　鄞，康熙辛未会魁，翰林擢御史，升大理寺少卿，卒于王事

万斯同　鄞（下缺）

陈鹏起　鄞，博士（下缺）

万斯选　鄞，理学

周元孚　鄞，□□光禄（下缺）

王宗昌（下缺）

杨世思（下缺）

周　杨　鄞，明（下缺）

范汝林　鄞（下缺）

范光华　鄞（下缺）

张羽仪　鄞（下缺）

戎观光　鄞（下缺）

仇奠邦　鄞，中（下缺）

仇金鼎　鄞，赠光（下缺）

补遗

杨　钦　鄞（下缺）

范　楷　鄞（下缺）

毛　伦　鄞（下缺）

范　□　鄞（下缺）

赐进士出身授翰林院庶吉士中宪大夫知宁波府事加一级纪录六次孙诏题讳

乡贤后人本庠生孙延禩敬叙书丹　乡贤后人本庠生柯凤彩篆额

雍正六年戊申岁仲夏月吉旦

（部分）

重修宁波府学碑记（清雍正九年，1731年）

重修宁波府学碑记（篆额）

重修宁波府学碑记

今上御极之五年，余奉命来守是邦，下车辄瞻拜夫子庙，见学宫内外多就损坏，西庑已成白地，文阁垂圮，余悚然思所以鼎新之，乃捐俸金，谕绅士输助。是年冬，先建西庑及名宦、乡贤二祠，又令周围栽种柏树，以培风气。六年冬，议建文昌阁，工竣于七年之夏六月。是时，余已奉命观察浙东，谢郡事，而太守曹公来，与余有同心，凡所以卒事于学宫者，殚力相继。闰七月，丹漆圣殿，设两庑护城。九月，装画殿柱金龙，设朱帘三，修乐器、祭器。十月，丹漆棂星门，彩画石柱，筑八字墙。十一月，丹漆大成门。八年正月，修"万世师表"匾额，添设泮宫两掖门，创省牲所。五月，趱筑宫墙河沿，恢扩旧制，气象以舒。七月，筑戟门外两傍直墙，建东侧黉门。九月，彩画大成门、戟门，松纹摘锦，涂饰泮宫墙，砌东甬道。十月，修崇圣宫，创立照墙，置花簟、承尘、神厨、案桌。十二月，修乐、祭器库房。九年正月，修东西牌坊、儒学大门。二月，开浚泮池，栽荷花。五月，置竹笾二百三十个，木豆一百个。七月，崇圣宫前建造大门及东廊门。八月，置祭桌□十□张。先是雍正三年，学宪彭公捐银五百两，重建明伦堂。由是学宫内外，犁然大备，规□辉煌，卓为浙庠之冠，诚盛事也。窃惟夫子之道万世常新，而土木之事无久而不敝之理。数年以来，余与郡守早夜萦心，兴修措置，庶几[illegible]□之成，非偶然也。后之莅是邦者，尚继起而有事焉，勿使已成之功[illegible]于废坠，是学宫之厚幸也，亦余与曹公之厚幸也夫。爰纪事之颠末，并督工绅士姓名，并勒诸石，以垂不朽云。

赐进士出身浙江等处提刑按察使司副使分巡宁绍台道加一级纪录三次孙诏撰文

中宪大夫知宁波府事加一级纪录六次曹秉仁书丹

奉议大夫宁波府同知加三级程侯本篆额

承德郎宁波府通判陈良策

鄞县知县郑大德

教授章锡畴

训导朱光义

经历司裘元立

司狱司董义

署鄞县县丞事杖锡司巡检范秉钧

鄞县典史杨亦荣、督工绅衿、孙延禩、黄修爵（以下约缺 26 人）

雍正玖年玖月 吉旦立

宁波府学尊经阁碑记(清乾隆九年，1744年)

宁波府学尊经阁碑记

圣世尊崇经术，直省、郡、县学均有尊经阁，珍藏经籍，训课士子，典至巨也。宁府学之阁，颓废已久，恭逢观察叶公，慨然倡捐兴复，商于郡守魏公、鄞令傅公，卜地于大成殿之巽方，遴员办理，鸠工重建，半载告竣，并拟酌置学产，以资膏火。今甲子文武两闱获隽郡庠者六人，地灵人杰，默相符合，盖得观察之振兴文教，光复前规。从此经明行修之士郁郁彬彬，仰承德化厥功，岂浅鲜哉！爰勒之石以垂永久云。

特调浙江等处提刑按察使司分巡宁绍台道副使叶士宽

宁波府知府魏崼

宁波府同知陈洪范

宁波府通判周之瑛

宁波府鄞县知县傅柟

宁波府儒学教授沈遇黄

宁波府儒学训导庞汝䜣

宁波府鄞县杖锡司巡检郑承基

首事举人庄枝

候选州同辜志钰

候选主簿应廷煌

监生孙德峨

乾隆九年十一月 日 吉旦

合郡绅士公纪

重建宁波府学尊经阁记(石三)(清乾隆十年,1745年)

重建宁波府学尊经阁记

人之钦崇者圣也,圣之垂示者经也。煌煌圣籍,践行之,讽习之,注释笺解以行远,而日月揭之外,则卷轴之所袭,髹椟之所韫,重栌叠栋之所覆藏,不惟避鸟蠹之窜蚀已也,所以廪然岿然无敢屑越者,畏之甚、尊之甚,则斯阁之所由建欤。自汉唐宋元明以来,大州小邑建庙、建学、建讲堂、斋舍、射圃、庖湢之属,以时渐增,而宁郡之学为之冠。我大清抚有六宇,历圣继承,重道崇文,颁御制诸书,暨十三经于省、府、州、县学,佐之以史、集、百家,俾乡僻之士洋洋大观,不异宛委二酉,宜阁之廪然岿然者,杰出于州县之上矣。而予于乾隆八年分巡是邦,谒圣宫,登明伦堂,与诸生讲论毕,周视缭垣,见夫崇闳轮奂,故迹举新,独问其所谓尊经阁者,无有也。校官云:"绍兴间,有五经阁,阁毁经亡,嘉靖中改名敬一亭,今亦沦圮。"予慨然念经籍之藏莫重于是,而数百年来修举罔闻,岂所以重学之意乎！因与僚属及诸生等出金如干,重建是阁,非敢云侈也,所以尊崇御书与夫十三经者,莫之屑越云耳。起事于九年夏五月,迄秋九月断手。因进多士而语之,曰:"五经犹堂奥也,史鉴门庑也,百家庖厨也,多士由堂奥而迤逦门庑,旁涉庖厨,必无有裹足正大之域,而沾沾一隅之理。多士之穷经,亦犹是也。登是阁,恭阅御书典谟,则思许身稷契也;于《易》,则思究天人也;于《诗》,则思端性情也;于三礼、三传之所发明,则思无不敬而谨严也。大中以体用之,《论》《孟》以修以献之,《孝经》《尔雅》以根本而支叶之。于是涉乎史宬,游乎艺林,旁及乎稗官蕨说,毋为旁岐,毋为穿凿,毋为附会,而支离总挈,要于畏圣人之一言,畏之甚,尊之甚也。且多士独不见夫二氏乎?其于彼家者言,散之以香花,锢之以轮藏,杂踏梵呗,肃拜顶礼,顾以吾圣人之书反黩乱背谬?五谷之无成,不如秕稗有秋,多士其安矣乎?予之所以望多士者,不唯建阁之尊,然建阁之尊,亦一端也。愿与多士交勉之。"知府事魏崿、丞陈洪范、倅周之瑛、鄞令傅柟、教授沈遇黄、训导庞汝订、巡检郑承基、举人庄枝、太学士宰志钰、应廷煌、孙德莪等共勷厥事,例得附书。是为记。

大清乾隆十年岁次乙丑二月朔日

浙江分巡宁绍台道加三级长洲叶士宽谨撰并书丹

吴门李士芳镌

重建寧波府學尊經閣記
人之欽崇者聖也聖之垂
示者經也煌煌聖籍踐行
之誠習之注釋箋解以行
遠而日月揭之外則卷軸
之所韜縢積之莊韞重櫳
疊棟之所覆藏不惟避鳥
蠹之竄蝕已也所以虔然
肅然無敢屑越者畏之甚
尊之甚則斯閣之所由建
歟自漢唐宋元明以來大
州小邑建廟建學建講堂
齋舍射圃庖湢之屬以時
漸增而寧郡之學爲之冠
我
大清撫有六宇
歷聖繼承重道崇文頒
御製諸書暨十三經於省府州
縣學佐之以史集百家俾
鄉僻之士洋洋大觀不異
究委二酉宜閣之虔然肅
然者傑出於州縣之上矣
而予於乾隆八年分巡是
邦謁
聖宮登明倫堂與諸生講論
畢周視緣垣見夫崇閣輪
奐故蹟舉新獨闕其所謂
尊經閣者無有也校官云

紹興間有五經閣閣毀經
亡嘉靖中改名敬一亭今
亦淪圮予慨然念經籍之
藏莫重於是而數百年來
脩舉罔聞豈所以重學之
意乎因與僚屬及諸生等
出金如干重建是閣非敢
云侈也所以尊崇
御書與夫十三經者莫之肩越
云耳起事於九年夏五月
迄秋九月斷手因進多士
而語之曰五經猶堂奧也
史鑑門廡也百家庖廚也
多士由堂奧而還逕門廡
南涉庖廚必無有褁足正
大之域而沾沾一隅之理
多士之窮經亦猶是也登
是閣恭閱
御書典謨則思許身稷契也於
易則思究天人也於詩則
思端性情也於三禮三傳
之所發明則思無不敬而
謹嚴也大中以體用之論
孟以修以獻之孝經爾雅
以根本而支葉之於是涉
乎史歲游乎藝林旁及乎
稗官蕞說毋爲旁岐毋爲
穿鑿毋爲附會而支離總

挈要於是聖人之一言畏
之甚尊之甚也且多士獨
不見夫二氏乎其於彼家
者言散之以香花錮之以
輪藏雜踏梵唄肅拜頂禮
顧以吾
聖人之書反黷亂背謬五穀之
無成不如秕稗有靦多士
其安矣乎予之所以望多
士者不唯建閣之尊然建
閣之尊亦一端也願與多
士交勉之知府事魏峙丞
陳洪範倅周之瑛鄞令傅
柟教授沈遇黄訓導麗汝
訢巡檢鄭承基舉人莊枝
太學士韋志鈺應廷煌孫
德義等共勷厥事例得附
書是爲記
大清乾隆十年歲次乙丑二月
朔日浙江分巡寧紹台道
加三級長洲葉士寬謹撰
并書丹
吳門李士芳鐫

重修宁波府学碑记(清乾隆十年,1745年)

重修宁波府学碑记(题额)

郡侯汪公大修学宫记

岁在壬戌,新宁汪公来守四明,下车即以振起文教为己任,朔望趋拜圣宫,徘徊久之,见其栋楶、栌栈、椽阶之属有蛀而桡者,有偃而仆者,有砖甓而剥泐者,有周缭之缺而垝者,有圬墁涂埴之黝黕而弗泽者,公慨然向司铎沈教授曰:"六邑首善之地,无以肃瞻仰,是谁之责哉?"遂有志振新之。未几,公丁外艰,谢任时曰:"吾于宁有大事三,一为育婴堂,一为郡城河道,其一则学宫也。吾已禀知上宪,属之有司。"比公归未两月,而诸项之币毕至。时余方奉调分巡,商于郡守魏公诣学,相度庀材,百堵具举,有酌拆而更新者,为大成殿,为大成门;东西庑有圮而重建者,为崇圣祠,为大成殿月台;有因旧而葺补之者,为戟门,为明伦堂,为文昌阁,为土地祠,为省牲所,为黉门,为"腾蛟""起凤"坊,皆周垣屹缭,敞其闳閎。凡刮摩砖埴之工,木石、蜃灰、胶漆之用,甑甗、丹垩之饰,莫不轩泽坚纫,可垂永久。是役也,经始于癸亥冬十月,至甲子六月而告竣,计费一千二百缗有奇。落成之日,诸绅士告余曰:"汪公之造吾宁大矣,弗敢忘。"问记于余。余曰:尔亦知公新学之意哉?盖学之设久矣,俺圮俺修,时多良牧,大率取资于公帑,佽助于绅士,而独力以任者鲜矣。幸而身任之,又必其在官之日,崇树风教,与汉文翁、晋范宁媲循吏声亦足矣。公既归里,于宁非有教养之责,然以身任此三大事,而尤惓惓于学宫,上不费公家之藏,下不烦诸绅士一手一足之烈。此其意岂徒为圣门树轩敞之制哉?尔宁之先达甲于东浙矣,立朝则有若忠介,若清敏,若宣献;政事则若子宓,若悦道;理学则若五先生,若四君子,若二程。兹值圣世文明之会,诸大宪复作兴而振刷之,登斯堂者,警目怵心以蕲至于圣贤之域,出为名臣,处为大儒,为学校之光。斯固公惓惓新学校之意也。若大猎巍科而荣膴仕,公之所望于尔多士,岂如是已哉!余不佞驻节此邦,适大工告成,因绅士之请,次第其语,镌诸石以留公惠宁之遗泽,且以为诸生座右之铭尔。汪公讳起,字震潜,号(空二格待填),江南徽州府休宁县人。

特调浙江等处提刑按察使司分巡宁绍台道副使军功纪录六次又纪录九次叶士宽撰文

特授宁波府知府纪录六次魏崞篆额

宁波府同知陈洪范书丹

宁波府通判周之瑛

宁波府鄞县知县傅柟

台州府通判署鄞县事黄应中

宁波府儒学教授沈遇黄

宁波府儒学训导庞汝䜣

鄞县杖锡司巡检郑承基

阖郡绅士公立

乾隆拾年岁次乙丑清和月吉旦

重修寧波府學碑記

鄞縣汪公大修學宮記

歲在壬戌新寧汪公來守四明下車即以振起文教為己任朔望謁拜[illegible]

聖宮徘徊久之見其棟宇摧杙櫺堦之屬有蛀而撓者有偃而仆者有[illegible]者有周緣之缺而圮者有坊墻堂垣之甃頹而弗澤者公慨然謂司鐸[illegible]曰[illegible]

善之地無以肅瞻仰是誰之責哉遂有志振新之未幾公丁外艱[illegible]時曰[illegible]大[illegible]三一為育嬰堂一為鄞城司道其一則學宮也[illegible]知上[illegible]之有司

公歸未兩[illegible]而諸項之帑畢至時余方奉調分巡[illegible]於鄞守魏[illegible]諸學[illegible]庀材百堵具舉有酌拆而更新者為大成殿為大成門東西廡有[illegible]而重建者為崇聖祠

大成殿月臺有因舊而葺補之者為戟門為明倫堂為文昌閣為土地祠[illegible]省牲所為[illegible]門為騰蛟起鳳坊皆周垣迤繚敞其閎閬凡斫摩塼[illegible]之工[illegible]

用甎甓丹垩之飾莫不軒灐堅緻可垂永久是役也經始於癸亥[illegible]月至甲子六月而告竣計費一千二百[illegible]有奇落成之日諸紳士告余曰汪公[illegible]造吾寧大[illegible]

敢忘聞記於余余曰爾亦知公新學之意哉蓋學之設久矣[illegible]修時多良牧大華取資於公[illegible]於紳士而獨力以任者鮮矣幸而身任之又必其在官之日

樹風教[illegible]漢文翁晉范寗[illegible]循吏[illegible]亦足矣公既歸里於寧[illegible]有教養之責然以身任此三大事而无[illegible]於學宮上不費公家之藏下不煩諸紳士一子[illegible]足之[illegible]

其意豈徒為聖門樹虹[illegible]之制哉爾寧之先達甲於東浙矣立朝則有若忠介若清敏若宣獻政事則若子[illegible]若悅道理學則若五先生若四君子若二程[illegible]植

聖世文明之會諸大憲[illegible]作興而振刷之登斯堂者[illegible]怵心以蘄至於聖賢之域出為名臣處為大儒為學校之光斯固公[illegible]新學校之意也若夫[illegible]而崇[illegible]

公之所望於爾多士豈如是已哉余不佞[illegible]節此[illegible]適大工告成因紳士之請次第其語鐫諸石以留公惠寧之遺澤且以為諸生座右之銘爾[illegible]起[illegible]

江南徽州府休寧縣人

特調浙江等處提刑按察使司分巡寧紹台道副使兼功紀錄六次又紀錄九次葉士寬撰文

特授寧波府知府[illegible]紀錄[illegible]次魏[illegible]篆額

寧波府同知陳[illegible]書丹

寧波府通判周之[illegible]

寧波府鄞縣知縣傅[illegible]

台州府通判署鄞縣事黃應中

寧波府儒學教授沈[illegible]黃

寧波府儒學訓導麗汝訢

[illegible]司巡檢[illegible]承基

鄞[illegible]闔郡紳士公立

乾隆拾年歲次乙丑清和月吉旦

宁波府重修学宫碑铭(清嘉庆十年,1805年)

宁波府重修学宫碑铭(篆额)

宁波府重修学宫碑铭

兵部侍郎兼都察院右副都御史巡抚浙江管理全省营务阮元撰并书

昔先王学校之置,秋冬学羽籥,而春夏学干戈。古注以为羽籥,籥舞,象文也,用安静之时学之;干戈,万舞,象武也,用动作之时学之,则文武之同习于学也,明矣。自宋仁宗始立武学,而熙宁五年枢密请重建,诏置生员,以百人为额。自是绍兴、洪武皆举行旧典,其制略仿唐代,尊太公为武成王,以留侯张良配享,复选古名将,备十哲之数,其意若以专设分置,为足重武事,不知于先王立教之本固已荒矣。我朝规模宏远,一洗汉唐科制陋习,所期于通经学古之士者,必以三代为归。凡武乡举之制,其事即隶于横宫,而后知入学鼓箧,原非徒以习拜跪,谈心性为足,以毕儒生之能事也。宁波郡地滨海,金塘、蛟门尤为剧盗窥伺之所,官其地者,固当坚明约束,以精团练,申保甲,公赏罚为能名,而土著之士,莘莘俎豆,复无负明伦亲上之旨,则学校之讲求宜亟矣。嘉庆八年,余按部至甬,上谒大成殿,知教授丁杰方以重修学宫之议,谒提督李公长康。李公倡之,因复请于宁绍台道墙君见羹,署知府事杨君兆鹤,率六属知县共捐赀,以襄厥事,并命教授董其成。自堂庑阶砌,以及藏主之龛、省牲之所、观德之亭,靡不毕举其旧,所弆笙镛诸礼器,久亦残阙,存者复不合律度,将以余力改而张之,其意可谓勤矣。而版筑之事,先于某月某日落成,以余在甬时曾嘉其志,书来求记。因思同安李公方以勇智之量,扫灭海寇为己任,而复能雅歌投壶,以修废兴坠(堕),为国家储贤豪之助。夫四明亦人材萃出之地,宋咸淳中,太学增试宏词科,而宁波一郡,时则有若王璧、王应麟、王应凤者,同与其选。一家如是,则一郡可知。斯学之成,将必有文武忠孝、奇才异禀之士出而应当世之求者,余不能无厚望焉。因书之以为记,乃铭曰:

文教既敷,武功宜肄。桓桓受成,偕偕从事。松柏有虔,金丝斯备。式彼海隅,民之攸塈。非法何观,非贤何利。德之不孤,集于群议。海水恬波,鸟夷宾至。凿石勒成,以昭盛治。

嘉庆乙丑嘉平

署宁波府知府杨兆鹤、鄞县知县周镐、府学教授丁杰、训导金锦文、董事何天富敬镌

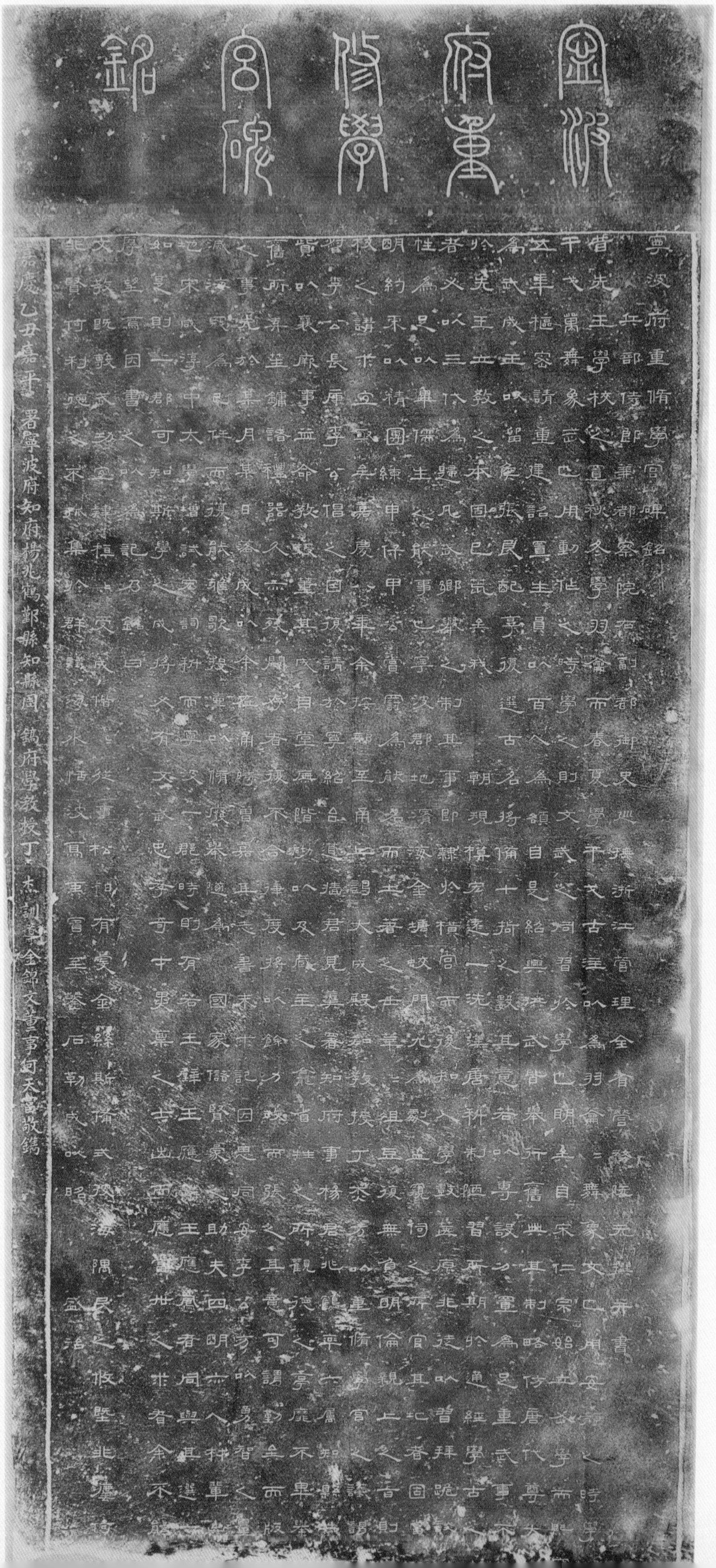

修建宁波府儒学碑(清光绪二十四年，1898年)

修建宁波府儒学碑(篆额)

宁波府学修建碑记

今夫剥复之机，虽天地或有所不能自主，而否泰之交圣人惧焉。是故凡事不能有成而无毁，而能因毁以重即于成，斯非有才德过人之贤者以主之，未易言也。引孙自己丑春二月，奉朝命分巡浙江宁绍台三郡来驻宁波，即闻郡贤士大夫称三品衔升用知府江苏候补直隶州知州鄞县拔贡生陈故绅政钥，至于今啧啧不置。盖郡城于咸丰十一年十月为粤逆所据，蹂躏焚毁，所在荡然，得陈绅倡举义兵，克期收复，且规画善后，百废具举，而首请于前观察使者史公致谔与前郡守边公葆诚，集赀重修文庙，旁及学官、斋舍，功为尤巨也，匃工庀材，计用金钱以万万数。凡大成殿、崇圣宫、东西两庑、大成门、戟门、棂星门、名宦祠、乡贤祠、忠义孝弟祠、贞烈节孝祠及东西官厅之属，莫不次弟(第)建复，并疏浚泮池，视旧有加，盖同治建元十月也。于是郡诸绅衿振兴鼓舞，创为洒扫会，朔望从事。每届丁祭，辄集诸生，随太守习礼仪佾舞，生之习乐者俱循循，率教靡或有愆，祭器、乐器皆备焉。夫天地任覆载者也，圣人任教化者也，非覆载教化无由设，非教化覆载无由明。是圣人者，实天地所因以立纲常，明伦纪，长养万物，使各得其所，而相待为用者也。自孔子兴，而尧、舜、禹、汤、文武、周公之遗弥章而弥盛，即天地之所以生成化育，周流灌注于无形者，亦靡不灿然而并睹。故历代以来，崇祀之典有隆而无替，盖示民以极则，而用为治，其盛典也。其庙至更寇乱毁圮，假令无人焉董而亟葺之，则天地之道虽未之或息，而规模之衰，亦几于昧兮。引孙初入而仰瞻其崇宏华焕，丹雘巨丽，肃焉穆焉，未尝不慨然太息于剥复之机，即天地不能自主，而否泰之交，圣人不能无惧，与夫贤士大夫之所以称道陈绅也。溯两浙经乱，次弟恢复，实自宁郡始，其后省试获隽者宁人士又冠诸郡，甄陶乐育于兵火之余，盖亦多陈绅之力。然则如陈绅者，可不谓贤兮哉！顾庙至今无碑文以记其事，在学人士惧其事之久而无征，请为之记。辞不获以(已)，迺撮其大略书之如右，其官绅之在事者，与营缮、会计之事，则载之碑阴及两侧，而兹姑阙焉，其亦可以谢责也兮。是为记。

宁绍台兵备道仪征吴引孙撰文

宁波府知府铅山程云俶篆额

署府学教授黄岩江青书丹

府学训导余杭孙树义监镌

光绪二十有四年岁次戊戌冬十月刻石

浙江宁波宋代孔庙遗址发掘简报

宁波市文物考古研究所

1997 年 12 月 26 日，宁波市文物考古研究所为配合中山广场的建设，对位于解放北路体育场内的孔庙遗址进行了抢救性考古发掘。发掘工作至 1998 年 2 月 28 日结束，历时两个月，揭露面积 1000 平方米。

工作分三个阶段进行。第一阶段是勘探遗址的具体位置，在近 4 万平方米的范围内落实探沟点，以求最大可能的准确性。探沟呈 T 字形，东西长 10 米，编号 T1—T4；南北长 90 米，编号 T5—T11。每条探沟长 10 米，宽 2 米。后因需要在探沟 T5、T6 西侧及南端增开同方向探沟各两个，编号 T12—T15（其中 T5、T6 与 T12、T13、T14、T15）相隔 5 米而平行。东西向探沟中，T1 宽 3 米，T2 长 5 米。第二阶段在第一阶段的基础上选定重要的遗址和完整的地层进行扩方发掘。将探沟 T7、T8、T9、T10 扩大为 10 × 10 米，北面留隔梁。在确定地层与遗迹的相互关系之后，先发掘了 T8、T10 的地层，T7 与 T9 作为遗迹放到第二阶段集中清理。

一、地层

地层以 T10 南壁为例，共可分五层，深 1.1 米，因受发掘条件的限制，其中第五层没有完全清理到底。

第一层，煤渣碎砖混合土，属体育场跑道填土，厚 20—25 厘米，1928 年以后所建。

第二层，黄褐色黏土，包含瓦砾和细小的石灰颗粒，地表下深 20—35 厘米、厚 10—20 厘米。出土遗物以明清时的青花瓷为主。因而属明清时期的地层。

第三层，灰黄色黏土，瓦砾减少，地表下深 40 厘米，厚 16—50 厘米。出土的遗物以青瓷为主，芒口白瓷、墨釉盏瓷等兼而有之，时代约在北宋晚期。

第四层，灰黑色土，地表下深 55—60 厘米、厚 20—60 厘米。出土青瓷片数量比第三层多，为北宋时期。

第五层，灰黄色土，土质纯净，夹有少量红烧土颗粒，地表下深 1.1 米，厚不详。出土遗物瓷片皆为青或青中泛黄的唐代瓷片，地层年代也该在这个时期。

二、遗迹

遗迹主要分布在 T7 的泮池、T8 局部、T9 的大成殿（编号 F1）、T10 的砖质路面。

1. 大成殿 F1 夯土基础暴露于第十层地表下 22 厘米，是一块与周围不同土质土色的黄泥硬面。从范围上看，其东西向面宽 24 米，南北向进深 11 米，其中室内进深 9 米，前廊 1.4 米，其余是南北墙基厚度。在这个范围内四周界址清楚，方向 30 度。北墙基用双排砖砌起，残存部分高于当时地坪 15 厘米，宽 32 厘米，是用两种不同规格的砖并砌而成，分别是 35 厘米 ×17 厘米 ×5 厘米、33.5 厘米 ×15 厘米 ×4.5 厘米。最外壁贴一排 25.5 厘米 ×7.5 厘米 ×4 厘米的沟壁砖。南墙基（廊墙）残高 40 厘米、宽 32 厘米，用三排砖砌成，分别是 26 厘米 ×10 厘米 ×4 厘米的砖两排，外侧加砌一排 30 厘米 ×14 厘米 ×5 厘米的砖，砌法为全顺砖式，用石灰粘接，有收分。F1 采用黄泥与断砖或是瓦砾分层夯筑，总厚 60 厘米。黄泥中有细小的石灰头，经夯打结实，夯窝明显。从夯窝中看似乎为四夯柱相连，呈方形，边长约 16 厘米，分成四个小夯窝，每个夯窝呈现锅底状，夯窝间约有 1 厘米的夯峰。夯打结实的黄泥一般厚度为 8 厘米，碎砖块或瓦砾的厚度为 4 厘米。碎砖块每隔 25—30 厘米出现一层，砖与砖之间排列很紧凑，不重叠。

2. 排水沟

共发现 4 条排水沟，编号 G1—G4，其中 G1—G3 纵向排列，穿过 F1 的夯土基础，G4 横向与上述的三沟垂直相交。

G1 全长 23.6 米、宽 0.25 米、高 0.22—0.24 米，两侧壁用长条石，沟底用 32 厘米 ×16 厘米 ×5 厘米的砖和石块分段铺设，由北往南呈倾斜状，与南面的 G4 相交，上盖石板。

G2 在 G1 的东面，相距 6 米，全长 1.08 米、宽 0.2 米、高 0.24 米，两侧壁用（24—26）厘米 ×7 厘米 ×4 厘米的条形砖叠砌，底铺方砖，边长 29 厘米、厚 4 厘米。上盖长 60—100 厘米、宽 40 厘米的条形石板，由北往南倾斜，与 G4 垂直相交。

G3 在 G2 的东面，相距 3.3 米，已知长 7.9 米、宽 0.15—0.17 米，两侧壁用条形砖砌起，底铺方砖，边长 29 厘米、厚 4 厘米，上盖 36 厘米 ×18 厘米 ×5.5 厘米的长方形砖，由北往南倾斜，应与 G4 相交。

G4 紧贴 F1 夯土建筑的南面，东西走向，残长 13 米、宽 0.48 米、高 0.24 米，用 26 厘米 ×9 厘米 ×4 厘米的砖叠砌。南壁用长 70—76 厘米、宽 16—18 厘米、高 24 厘米的条形石作壁。沟底铺砖，规格与北壁相同，纵向铺法，上盖石板。G4 作为总沟接上述三沟后作两路分水：向西南方向通向泮池，在泮池的壁上有其出水口；向东方向通往河流。沟内淤积褐色砂性土。

G1—G3 的设置，主要为了将 F1 北墙以外的地面雨水，通过 F1 的基址排出。紧靠北墙墙根，有砖砌的与路面连接的凹槽（明沟），凹槽的底部正好与 G1、G2 的口子相通，利用地面的高差，水流至 G4 排出。

3. 路面

路面暴露于地表下 30 厘米，用 26 厘米 ×7 厘米 ×4.5 厘米的长条形砖错缝横向侧砌，边沿用 37 厘米 ×18 厘米 ×6 厘米的砖作垂直平铺。路面因受破坏，长宽不详，推测路面与 F1 的北墙基及明沟相接，很可能是两进房子间的天井或是过道。

4. 泮池

泮池位于建筑遗迹的最南面，与 G4 相距 7 米。池壁最高露头于地表下 30 厘米，池体平面呈长方形，残长 15 米、宽 12 米、深 1.5 米。池的东壁受发掘条件限制，情况不明，西壁因晚期泮池的建造被破坏，南北两壁还能看清它们不同的构筑特色和已知的深度。两壁采用块石、条石砌筑，临水面砌筑整齐，纵横错缝叠压。两壁用材大小略有不同，南壁用较大块石或是板材叠砌，一般在 80 厘米 ×40 厘米 ×20 厘米左右。北壁用材厚约 10 厘米，外壁整齐平直，内用片石或是小石块衬垫。值得一提的是，泮池的西壁被晚期的另一泮池打破。据史料记载，元至元十九年（1282），庙学毁于兵火，唯存台门三间。明洪武二年（1369），重以兴学设宫①，并在原泮池基础上西延重建泮池，结构上有明显的改进。晚期泮池全长 24 米、宽 10.5 米、深 1.5 米，均用规整的条石砌筑而成。池壁采用明钉、暗钉（与池壁垂直的长条形攀石）加固。明钉顶部有子口，伸出壁外 2 厘米，把上下左右的条石拉住。暗钉无子口，只起叠压拉攀作用。池中置三座石桥，均为两墩三孔，中孔跨度 4 米，两侧为 2.8 米。两端桥墩设分水石，

① 徐兆昺：《四明谈助》，宁波出版社，2000 年，第 368 页。

中墩倭角。有少量桥面条石坠落池中，从条石中推知是平桥面。三座桥桥面中间宽 6 米，两侧各 4 米。泮池四周原有栏板和望柱，栏板上饰荷叶托寻杖。望柱方形、柱头饰圆形覆莲。

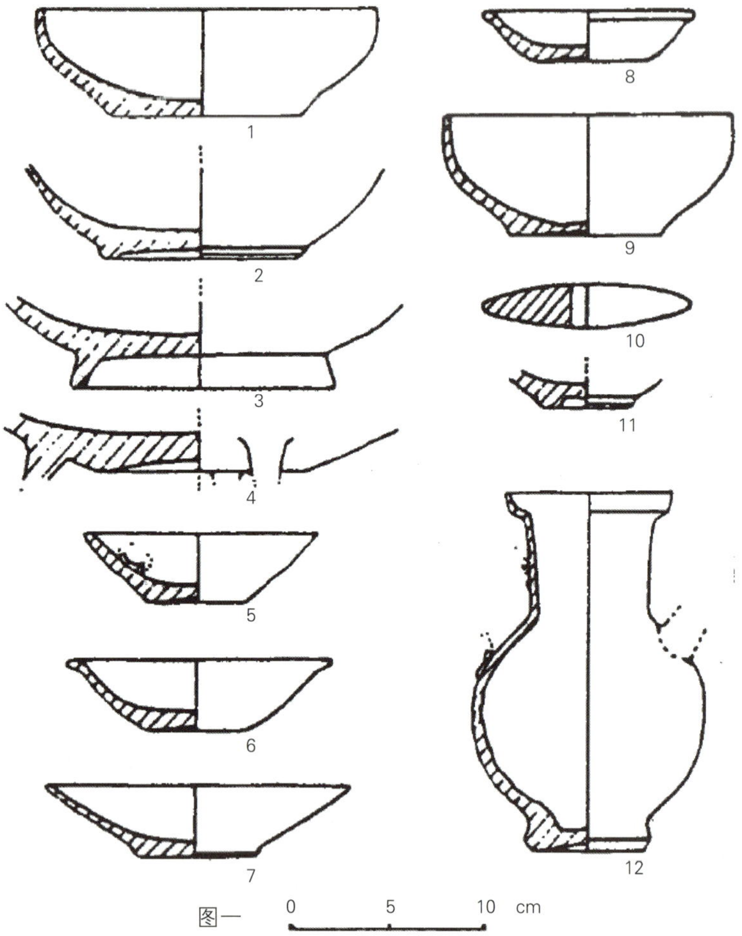

图一

三、遗物

1. 第五层遗物

钵 11 件（NKM⑤：1）。直口，折腹，腹壁斜收，平底。口部施黑釉，其余露胎。高 5.5 厘米、口径 18 厘米，底径 14 厘米。（见图一：1）

碗Ⅰ式 1 件（NKM⑤：2）。敞口，浅腹，矮圈足。内外施青釉。（见图一：2）

碗Ⅱ式 1 件（NKM⑤：11）。残器，胎黄色有气孔，胎外施一层化妆土，青釉泛黄，为长沙窑产品。（见图一：11）

碗Ⅲ式 1 件（NKM⑤：7）。敞口，浅腹，玉璧底，施青釉。高 3.5 厘米、口径 16 厘米，底径 6 厘米。（见图一：7）

灯盏Ⅰ式 1 件（NKM ⑤：5）。敞口，浅腹，小平底。内壁置一圆形钮，施青釉，底部无釉。高 3.4 厘米、口径 12.4 厘米、底径 5 厘米。（见图一：5）

灯盏Ⅱ式 1 件（NKM ⑤：8）。敞口卷沿，平底。青釉不及底。高 3.2 厘米、口径 11 厘米、底径 6 厘米。（见图一：8）

碾轮 1 件（NKM ⑤：10）。扁圆形，中间厚至周沿渐薄，中孔，通体无釉。直径 11 厘米、厚 2.1 厘米。（见图一：10）

陶壶 1 件（NKM ⑤：12）。盘口，直领，溜肩，弧腹，实足。前有短流，后有执把（均残）。高 17 厘米、口径 9 厘米、底径 6 厘米。（见图一：12）

2. 第四层遗物

碗 9 件，可分三式。

Ⅰ式 4 件（NKM ④：8、9、23、24）。其中 NKM ④：8、9、23 为敞口，直腹，圈足。器内壁口沿下划出一道细弦纹，矮圈足，胎壁薄，施青釉。高 4.8 厘米、口径 13 厘米、底径 5 厘米。（见图二：1、2、3）NKM ④：24 为敞口，三角缘、尖唇，腹壁斜收，圈足。

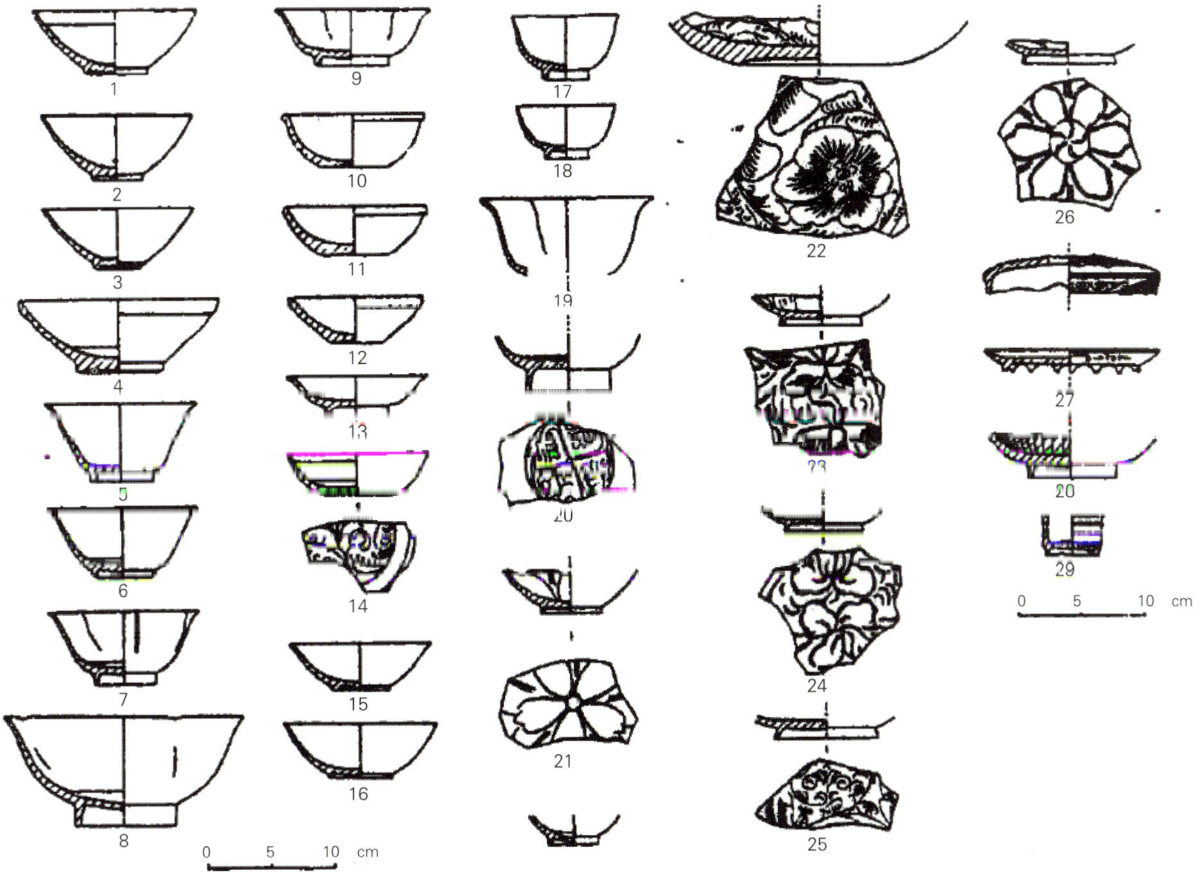

图二

腹内壁折成平底，底部厚实。施白釉，下腹部至底无釉，为福建窑产品。高 5.6 厘米、口径 16 厘米、底径 7 厘米。（见图二：4）

Ⅱ式 2 件（NKM ④：10、11）。两件均为侈口，翻沿，圈足。腹壁较直，内底平，腹底交接处有一圈弦纹。圈足较高，有厚重感。施青釉。其中 NKM ④：10 高 6 厘米、口径 12 厘米、底径 5 厘米。（见图二：5）NKM ④：11 高 5.4 厘米、口径 12 厘米、底径 6 厘米。（见图二：6）

Ⅲ式 3 件（NKM ④：13、14、15）。其中，NKM ④：13 为侈口，直腹，腹部至口有五条凸棱，形似荷花。腹底交接处一圈弦纹，施青釉。高 5.6 厘米、口径 12 厘米、底径 5 厘米。（见图二：7）NKM ④：14 为浅腹，口沿略翻，施青釉。高 4.2 厘米、口径 12 厘米、底径 5.8 厘米。（见图二：8）NKM ④：15 施黄釉。高 8.2 厘米、口径 19 厘米、底径 8 厘米。（见图二：9）

盏 3 件（NKM ④：17、18、19）。三件均为侈口，圆唇，弧腹，平底。施青釉，腹部以下无釉。其中 NKM ④：17 高 4.1 厘米、口径 11 厘米、底径 5 厘米。（见图二：10）NKM ④：18 高 3.8 厘米、口径 10 厘米、底径 5 厘米。（见图二：11）NKM ④：19 高 3.6 厘米、口径 10.4 厘米、底径 4 厘米。（见图二：12）。

碟 4 个（NKM ④：5、12、16、25）。其中，NKM ④：5 为侈口，弧腹，内凹底。腹浅，底平，底部划卷草纹。施青釉。高 3.2 厘米、口径 11 厘米、底径 5 厘米。（见图二：14）NKM ④：16 为敞口，坦腹，圈足，施黄釉。高 3.6 厘米、口径 11 厘米、底径 4.5 厘米。（见图二：15）NKM ④：25 为敞口，折沿，浅腹，平底，圈足外撇。施白釉。高 3.1 厘米、口径 11 厘米、底径 5 厘米。（见图二：13）NKM ④：12 为敞口，直弧腹，圈足，内底较平。施青釉。高 4.2 厘米、口径 12 厘米、底径 5 厘米。（见图二：16）

杯 2 件（NKM ④：20、21）。侈口，下腹弧收，圈足。施青釉。高 5 厘米、口径 8.6 厘米、底径 3.8 厘米。（见图二：17、18）

其他第四层遗物还有八棱瓶、碾碗、熏盖托座、盘等残器和器物纹饰。（见图二：20—29）

3.F1 遗物

F1 夯土基础中作为瓦砾填进的瓷片经夯打后都较为碎小，约 10 平方厘米。瓷片的年代从汉晋至北宋皆有，其中，汉晋约占 15%，唐五代约 45%，北宋约 40%。

汉代以罄、罐、壶的碎片为多，纹饰有窗棂纹、锅齿纹等。

晋代以碗、罐、盏的碎片为多，以弦纹、网格纹为主。

唐代以碗、壶、罐的碎片为大宗，特别是碗有浅圈足、大环底、玉璧底足等，足底均

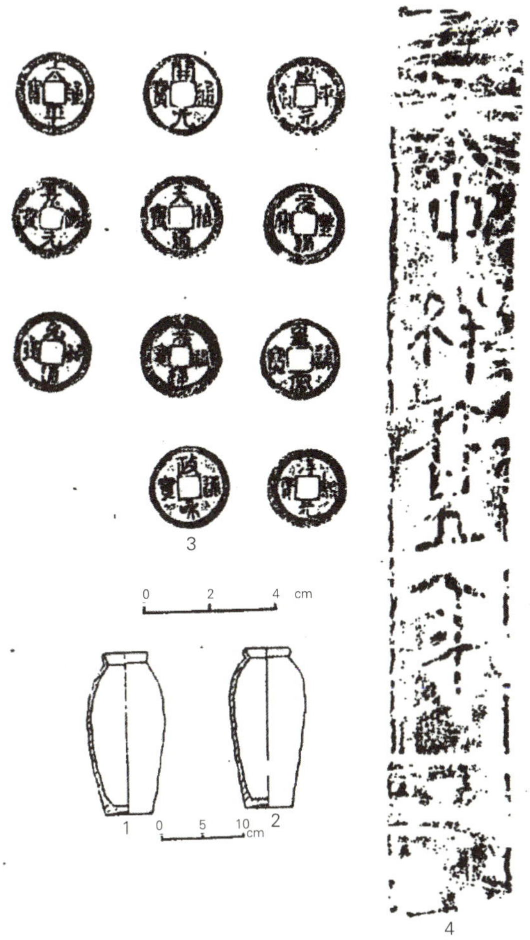

图三

留有明显的支烧印痕。釉色呈黄色或青黄色。

五代、北宋器物品种较为丰富，增加了杯、盆、盘、碟、盏托等，器壁刻、划莲瓣和纤细的卷草纹均相间出现。

此外，尚发掘出纪年砖一块，在砖的长侧面上模印“大中祥符五年”阳文。砖长、宽、厚分别为 26.5 厘米、10.5 厘米、3.5 厘米。（见图三：4）

4. 排水沟（编号 G1—G2）遗物

G2 的器物均为碎片，器类有唐代碗，宋代菊花纹瓦当、灯盏、青白瓷碗、黑釉碗、瓷瓶。

G3 出土瓷瓶 1 件（NKMG3：1）。敛口，束颈，溜肩，平底。整器口、底大小相等，上腹部微鼓，器壁可见泥条盘筑痕迹。釉层易剥落，高 18 厘米，口径与底径均为 6.4 厘米，腹径 10 厘米。（见图三：1）

G4 出土瓷瓶 3 件（NKMG4：1、2、3）。高 18 厘米，口径与底径均为 5.7 厘米，腹径 8.5 厘米。（见图三：2）

铜钱 33 枚（NKMG4）。品种有太平通宝、开元通宝、咸平元宝、圣宋元宝、至道元宝、景德元宝、祥符元宝、祥符通宝、天禧通宝、元丰通宝、元祐通宝、政和通宝、皇宋通宝、熙宁重宝和淳熙元宝。除两枚淳熙元宝是南宋铸钱外，其余皆为北宋及以上年代的铸钱。（见图三：3）

四、主要收获

通过对孔庙遗址的发掘，我们首先搞清了宋代孔庙的确切位置和范围。有关孔庙的位置，地方文献有不同的记载：宝庆《四明志》记载为“子城之东北一里半”[①]；民

① 胡榘修，方万里、罗濬纂：宝庆《四明志》，《宋元方志丛刊》，中华书局，1990年，第5012页。

国《鄞县通志》记载为“府治西北隅”[①];《四明谈助》记载为“在府治北，鉴桥西”[②]。根据文献的记述，确定宋代孔庙在今解放北路和体育场内。经考古勘探准确找到了孔庙的具体位置，清理了早晚不同时期的泮池，从而搞清了经过几度兴废的早晚期孔庙遗址没有直接的叠压关系，而是在同一方向上的扩大与部分叠压关系。

其次，为研究宋代孔庙规模、形制与基础构建工艺提供了第一手的实物资料。首先，从泮池的形制来看，一般的泮池为半月形水池，这在宁波所辖各县中还能找到实例，但是，明州的府学泮池为横向长方形，这可能与府学的级别规模有关。其次，从营建工艺看，晚期泮池石材规整，采用明钉、暗钉加固，而早期则比较草略，从中可以看出晚期泮池无论在规模、构筑手法、技巧还是选材上都比早期有了较大的进步和完善。再如，宋大成殿的基础做法是泥土与瓦砾隔层相见，夯筑厚度与宋《营造法式》规定的“筑基之制：每方一尺，用土二担；隔层用碎砖瓦及石札等，亦二担。……每布土厚五寸，筑实厚三寸。每布碎砖瓦及石札等厚三寸，筑实厚一寸五分”[③]相吻合，这说明当时建造孔庙是有一定的级别规范的。

再次，证实了宋代孔庙的建造年代。关于孔庙的建造年代，《鄞县通志·舆地志》记载：“(宋)天禧二年(1018)，守李夷庚始于殿后造明伦堂，前浚泮池，合庙学为一。”[④]现发掘的大成殿基址与文献记载相吻合。其一，筑基之制符合宋制规范。其二，基址中出土遗物为北宋越窑青瓷。其三，大成殿廊墙基的砌砖中有“大中祥符五年”的铭文纪年砖。因此，它的建造年代当在北宋大中祥符五年至天禧二年之间。

另外，值得一提的是，G4中出土的两枚“淳熙元宝”钱币应是南宋1174年以后的铸钱。其之所以会出土于北宋的沟中，可能是因为后来的建筑工匠将钱漏入沟盖的石板缝中。据文献记载，淳熙三年至十三年(1176—1186)，孔庙进行过大规模建设，筑射圃，建观德亭，树棂星门，增修堂庑重门[⑤]。因而，这两枚钱币极有可能是当时工匠无意中丢弃的。

绘图：傅亦民
执笔：丁友甫、傅亦民

① 张传保、赵家荪修，陈训正、马瀛纂：民国《鄞县通志·舆地志》，台湾成文出版社有限公司，1974年，第1631页。

② 徐兆昺：《四明谈助》，宁波出版社，2000年，第367页。

③ 李诫编修，梁思成注释：《营造法式注释(卷上)》，中国建筑工业出版社，1983年，第42—43页。

④ 张传保、赵家荪修，陈训正、马瀛纂：民国《鄞县通志·舆地志》，台湾成文出版社有限公司，1974年，第1631页。

⑤ 张传保、赵家荪修，陈训正、马瀛纂：民国《鄞县通志·舆地志》，台湾成文出版社有限公司，1974年，第1631页。

黄铜质文物的科技保护研究①

——以宁波博物馆藏清代孔庙旧藏铜礼乐器为材料

马 涛

摘　要：保存至今的金属文物普遍存在多种病害，危及文物安全，对它们的保护修复迫在眉睫。而黄铜作为文物材料出现的时代较晚，其在我国所有金属文物里亦是一个很小的门类，加之其复杂的病害机理，导致其长期不被文保工作者关注。笔者以馆藏清代孔庙旧藏铜礼乐器为研究对象，探索了黄铜质文物保护处理的一般流程，并提出对现有技术手段的若干理解和想法，对黄铜质文物保护修复的方法做了简要总结，以期为今后相关类型的文物保护工作提供一定借鉴。

关键词：黄铜　清代　礼乐器　保护处理

“黄铜”一词最早见于西汉东方朔所撰的《神异经・中荒经》：“西北有宫，黄铜为墙，题曰：地皇之宫。”② 这里的“黄铜”指的是何种铜合金，待考，从考古发掘情况来看，尚未发现如此早期的人工黄铜（铜锌合金）制品。但是，在姜寨仰韶文化遗址中曾出土有含锌量超过 20% 的黄铜片和黄铜管，山东胶县三里河龙山文化的地层中也曾出土两种黄铜锥③。显而易见，这些黄铜器物的出现并不是说人们在史前就掌握了黄铜的冶炼技术，而是人们在利用铜锌共生矿时无意中获得的。

---

① 基金项目：本文为浙江省文物保护科技项目（项目号：2018018）的阶段性成果。作者简介：马涛，男，1990年生，宁波博物馆文物科技保护中心专业技术人员，南京大学考古学博士研究生，研究方向为文物保护与科技考古。E-mail：t.ma@nbmuseum.cn。

② 张华等撰，王根林等校点：《博物志（外七种）》，上海古籍出版社，2012年，第98页。

③ 凡小盼、赵雄伟：《史前黄铜器及其冶炼工艺》，《中国国家博物馆馆刊》2016年第08期，第143页。

商周时期铜器的含锌量都很低。西汉、新莽的钱中有极个别的铜锌合金钱，其中有的钱币中锌的含量达到7%，但是这并不能说明黄铜铸钱产生于西汉新莽之际①。因为这些铜锌合金是极个别现象，其含锌量又普遍较真正意义上的黄铜含锌量15%—40%要小得多。所以我们认为这些含锌的铜钱是汉代在“即山铸钱”中使用铜锌共生矿时产生的。在对有关矿山进行调查后发现，山东的潍坊、烟台、临沂及湖北等地都有资源丰富的铜锌共生矿，这就使冶炼后的铜含有一小部分锌。到了唐代，由于铸钱材料的规范化，所铸行的钱币中锌的含量均为恒量。《新唐书·食货志》又有“青铜”“黄铜”的称谓，分别指矿石颜色和冶炼产品，并非现在的铜锡合金与铜锌合金。宋人洪咨夔撰《大冶赋》中又有“其为黄铜也，坑有殊名，山多众朴”②，指的是火法炼制的纯铜。

黄铜一词专指铜锌合金，则始于明代，其记载见于《大明会典》：“嘉靖中则例，通宝钱六百万文，合用二火黄铜四万七千二百七十二斤……”③通过对明代嘉靖通宝钱成分的分析，发现其确实是铜锌合金，与《大明会典》中所说的铸钱使用黄铜的记载一致。

这种真正意义上的黄铜的出现，较其他几种铜合金晚很多，这主要是因为金属锌的获得比较困难。氧化锌在950℃—1000℃的高温下才能较快地被还原成金属锌，而液态锌在906℃时已经沸腾，所以还原得到的金属锌以蒸气状存在④。在冷却时反应逆转，蒸气锌会被炉中的二氧化碳再氧化成氧化锌，因此要得到金属锌必须有特殊的冷凝装置，这种冷凝装置的产生则需要大量自然科学知识的积累，因此我国铜锌合金冶炼技术到了明中期以后才逐渐成熟。这是金属锌的使用比铜、铅、锡、铁的使用晚得多的原因，也是黄铜铸币在我国出现较晚的原因之一。

纵观世界范围，黄铜制品在欧洲流行较中国早了三百多年。铸造于1231年的威尔普大主教的铜像，是目前所知最早的用黄铜制作的铜像。究其原因，主要是因为欧洲人对于雕塑的大量需求，而铸造铜像比大型的石雕塑便宜得多。

铸造黄铜制品的过程是这样的：先把粉碎的锌矿和木炭跟铜块混合起来加热，使

---

① 穆艺等：《申明铺遗址出土两汉钱币的成分与金相分析》，《中国钱币》2011年第03期。

② 洪咨夔著，侯体健点校：《洪咨夔集（上）》，浙江古籍出版社，2015年，第3页。

③ 申时行等修，赵用贤等纂：《大明会典》卷一九四《工部·铸钱》，《续修四库全书》七九二《史部·政书类》，上海古籍出版社，2002年，第336页。

④ 李荣兴：《硫化锌（精）矿悬浮电解生产金属锌工艺研究》，昆明理工大学博士论文，2006年。

锌和铜结合在一起，再加热使合金熔融，然后将铜液灌入铸模。在我国明代中期以后，黄铜冶炼技术日渐成熟，黄铜质的器物也愈发多了起来，存留至今的也有很多。从公私收藏的黄铜质文物来看，普遍存在有不同程度的劣化问题，需要及时做保护处理，以延长其寿命。

但目前我国对铜质文物的保护修复研究方法主要运用于田野发掘出的青铜文物，而作为传世品的黄铜文物，由于其产生时代的特殊性，无论是腐蚀机理还是腐蚀产物都有其自身的特点，所遭受的腐蚀状况与发掘出土的青铜文物有很大不同。目前国内对传世黄铜器的专门性保护研究几乎处于空白状态，而随着文物保护事业如火如荼地发展，此前不被关注的黄铜质文物也逐渐进入了文保工作者的视野。如何对其进行及时有效且有针对性的保护，是当前文物保护工作者共同面临的一个难题。

经过长期观察，从 2016 年开始，在宁波博物馆藏清代孔庙旧藏铜礼乐器上，陆续出现了一些新的锈蚀产物，且有发展蔓延之势。这些铜礼乐器作为清代祭孔祀仪中使用的器物，为宁波府县孔（文）庙旧置祭祀礼乐器，是中国两千年来不曾间断的礼乐文化的最直接载体，也是研究古代礼乐制度难得的实物资料，其历史意义和文物价值非同寻常。

这批孔庙旧藏铜器合计 140 余件，而其中 123 件由于年代久远和保存环境不佳，出现了不同程度的病害。因此，我们在第一时间进行了干预处理，取得了较好的效果。本文选取了数件典型器物，系统论述其保护修复流程。

一、原始信息记录

采用文字记录及摄像方式记录文物原始状态，留存文物原始信息。图一至图四这四件器物质地皆为黄铜，器表纹饰清晰可见。其中清同治十二年（1873）制铜编钟之一（黄钟）通体覆盖一层灰白色锈蚀物，多处存在绿色锈蚀物，局部分布有褐色锈蚀物。清同治十二年宁波府制铜尊表面整体覆盖一层黑色锈蚀物，多处存在浅绿色锈蚀物，呈点状分布，局部分布有红褐色锈蚀物及白色沉积物。清同治十二年兽面纹铜方鼎表面整体覆盖一层黑色锈蚀物，多处存在浅绿色锈蚀物，呈点状分布，局部分布有红褐色锈蚀物及白色沉积物。清同治十二年宁波府制夔龙纹铜簋通体覆盖一层灰白色锈蚀物，多处存在绿色锈蚀物，多处存在浅绿色锈蚀物，呈点状分布，局部分布有褐色锈蚀物。

图一　清同治十二年制铜编钟之一（黄钟）

图二　清同治十二年宁波府制铜尊

图三　清同治十二年兽面纹铜方鼎

图四　清同治十二年宁波府制夔龙纹铜簠

二、科技检测分析

根据现场观察，记录铜器病害种类及分布情况，进一步观察了解拟处理文物，把握并统计病害种类、程度及分布，为后续制定科学有效的保护修复方案提供依据。

1. 采用光学显微镜（ZEISS Stemi508）观察，评估其整体腐蚀程度。结果显示：四件铜器整体保存状况较好。局部点腐蚀处略微疏松变薄，但仅存于器物浅表；大多数点腐蚀处经观察后疑似为有害锈。

2. 采用X射线荧光（OXFORD X-MET8000型便携式X射线荧光能谱仪）分析方法对铜器本体组成元素进行了分析，结果显示（详见下表），四件铜器均是以Cu、Zn、Pb为主的合金，即铅黄铜，另还有Si、Fe、Cl、P等元素，应是铜器表面污染物中所含元素，而较高含量的氯元素也进一步指向锈蚀应为有害锈，需要尽快做保护处理。

图五　疑似有害锈蚀

图六　表面污染物及稳定锈蚀

孔庙旧藏铜器X射线荧光分析法(XRF)主要元素分析结果

元素含量(%) 元素 器物	Cu	Pb	Zn	Si	Fe	Cl	P
铜编钟之一(黄钟)	49.13	17.13	20.23	6.28	1.67	0.74	0.96
铜尊	49.98	16.74	17.90	5.91	2.27	1.72	0.66
铜方鼎	40.07	21.19	16.19	11.04	2.25	1.44	1.27
铜簠	52.23	6.90	12.29	15.89	2.08	0.69	1.14

3. 采用拉曼光谱(HORIBA XploRA PLUS拉曼光谱仪)分析手段对铜器上的锈蚀及沉积物进行了区域检测分析。结果显示：铜器表面主要锈蚀物有深绿色锈，为孔雀石[$Cu_2(OH)_2CO_3$]等；红色锈为赤铜矿(Cu_2O)、氧化铜(CuO)和硫化铜(CuS)的混合物；浅绿色锈为碱式氯化铜[$CuCl_2 \cdot 3Cu(OH)_2 \cdot xH_2O$]；白色沉积物为石蜡($C_{25}H_{52}$)、方解石($CaCO_3$)、角铅矿($Pb_2[CO_3]Cl_2$)等。检测结果说明其中浅绿色锈确实为有害锈，即粉状锈，需要第一时间彻底清除。深绿色、红色为稳定锈蚀，不会对文物本体产生危害，反而会起到一定的保护基体的作用，应当尽可能予以保留。而白色沉积物是以石蜡为主的物质，这应为古人有意识涂抹于器表的用于保护铜器的一种物质，但经过近150年的时间，其已经成为吸附空气中污染物的介质，也应该予以去除，待保护处理结束后使用类似的材料进行二次封护。

三、保护处理方法

宁波博物馆藏清代孔庙旧藏铜礼乐器是由Cu、Zn和Pb等组成的黄铜合金，其主要病害是表面铜锈、污染物覆盖及海滨城市潮湿空气中的可溶盐富集。黄铜质文物的保护修复流程和方法的选择建立在前期黄铜文物本体及病害研究的基础上。根据铜器的具体情况，基于尽量减少对文物干预的原则，以及保持文物原状，最大限度地保留铜器历史信息的原则，可采取清洗（铜锈、污染物等）、脱盐（可溶盐）、去除有害锈（机械法）和表面封护等一系列措施，对黄铜质文物进行科学的保护处理。

1. 表面浮锈及硬结物清理

该步骤主要是清除铜器表面的浮锈、硬结物以及覆盖器物纹饰的表面锈蚀物，最终达到去除不稳定、不均匀的，会威胁铜器本体的覆盖物的目的，同时要求清理后铜器整体纹饰清晰，视觉效果和谐统一。

清理方法以机械方法为主，必要时辅之以化学方法。化学清洗试剂的选择遵循最小干预原则，在现有文物保护清洗材料中筛选最安全的材料；在可以达到清洗效果的前提下，优先选择对文物本体影响最小的试剂。此外，从清洗效果来看，清洗试剂应具有以下特性：有良好的润湿能力；可以使污渍分散或增溶，从而能够较好地清除污垢；可以防止污垢再次沉积在文物表面。

根据这批铜器的实际情况，表面浮锈一般较为疏松，容易去除，可用手术刀的月牙部位以打圈的方式轻轻剔除浮锈，然后用棉签擦除剔下来的锈蚀物，边清理边观察，避免因清理过度露出铜本体。对于与铜器本体结合较为紧密的铜锈，在用手术刀剔除过程中，可用棉签蘸取 2A 溶液（无水乙醇：去离子水 =1 ： 1）或 EDTA 三钠（EDTA 二钠与 EDTA 四钠的摩尔比为 1 ： 1）以滚动的方式软化并擦除锈蚀物，然后再以物理方法去除，清理结束后必须使用去离子水多次清洗 EDTA 三钠处理面，清除残留的化学试剂。

2. 可溶盐脱除

因长期受复杂的展厅和库房环境影响，文物中含有多种可溶性盐离子，其中以 Cl^-、SO_4^{2-}、Na^+、K^+、Mg_2^+、Ca_2^+ 等离子为主。总体来看，各类离子的含量都比较高，基本上在几百个 ppm 到几千个 ppm 之间。如此高的可溶盐倘若不有效清除，在日后文物保存中难免出现潮解、析出再结晶现象，这将对铜器产生进一步破坏。因此，在经过表面浮锈及硬结物清理后，必须对铜器进行可溶盐脱除处理。根据该批铜器的具体情况，主要可采用超声波震动脱盐法。

具体操作如下：首先，将需要脱盐的铜器放入超声波清洗机中，设置超声波清洗机的温度为 60℃，使其缓慢加热至 60℃，持续脱盐 180 分钟后，关闭超声波清洗机，使脱盐溶液温度自然降至室温。然后，将铜器放置于去离子水中，持续浸泡 24 小时，用电导率检测仪检测脱盐溶液的电导率，同时取浸泡液样品，用化学滴定法检测浸泡液中的 Cl^-、SO_4^{2-} 及 Cu^{2+}，监测脱盐程度。待连续三次所测电导率数值稳定且接近去离子水的电导率，同时可溶盐离子滴定无明显反应，则表明达到脱盐终点。

3. 抛光封护

环境因素是影响铜质文物腐蚀行为的关键因素，尤其是环境中的 H_2O、O_2 及 Cl^-。表面封护是指为防止或减缓环境因素对文物的影响，在文物表面涂刷天然材料，以隔绝或减少环境中有害因素对文物的侵蚀，从而达到保护文物的效果。

铜质文物封护材料应具有可逆性、透明性、惰性和化学稳定性，防水、耐污染、抗老化，并且和文物本体的膨胀系数接近。封护材料的选择与其保存环境的特点密切相关。一般而言，室内保存的金属文物可使用天然蜂蜡进行抛光封护。封护结束后将铜器置于相对湿度 30%、温度 20℃的恒温恒湿环境中，等待封护材料完全固化。

4. 保存

文物的腐蚀破坏由文物本体的状态和其保存环境双重因素决定，因此，文物保存的微环境是决定保护处理后的文物能否长期稳定保存的关键因素。对于该批铜器来说，建议将其保存温度控制在 20℃ ±2℃，并注意保持一天之内环境温度变化小于 2℃；相对湿度推荐值为 45%±3%，同时应尽量控制一天之内相对湿度不出现大于 5% 的波动。黄铜质文物对光照不敏感，因此光照度 300Lux 以下不会对该批铜器的保存造成影响。此外，应注意保持文物保存环境的干净，以免环境中粉尘等颗粒污染物、SO_2 等污染物加速黄铜质文物腐蚀。

5. 定期检查

对于保护处理后的铜器，应定期检查其保存情况。可分别在 1 周、1 个月、3 个月、6 个月等时间节点观察文物表面形貌，对比文物保存及锈蚀情况。如发现锈蚀再次出现，可及时对其进行再次保护处理，以免病害愈演愈烈。

四、黄铜质文物保护修复方法的指导研究

1. 对清理方法的研究

根据对黄铜质文物的铸造工艺与痕迹的分析，结合出土和传世的金属文物常见的病害类型，在清理和脱盐中需要注意以下几个方面：

（1）保护稳定且具有时代和地域特征的制作痕迹。例如，铜器铸造过程中遗留在器物内部的范芯就应当尽可能完整地予以保留。

（2）有针对性地对是否清除由制作缺陷诱发的病害进行取舍。在古代，传统铜器的铸造是非标准化作业，全凭工匠手工操作，制作过程中普遍存在着各类制作缺陷和

后期为弥补而产生的痕迹。我们面对这种情况，就必须明确文物的保护与修复理念，并能坚持自己的职业操守，掌握好保护修复的基本尺度，尽可能不受外界因素干扰，不做过度修复。为此，要切实做到清除活动病害和可诱发病害，保留稳定病害和不影响文物长存的制作痕迹（瑕疵）。但某些制作缺陷容易造成埋藏过程中水、盐和污染物进入，造成侵蚀，或温湿度变化后的盐析和锈蚀等病害。此类病害大部分为活动病害和可诱发病害，应及时加以干预处理。

（3）避免过度处理损伤文物的本体。黄铜是 Cu、Zn 或 Cu、Zn、Pb 的合金，具有很好的金属性能，也较为稳定，很适合铸造器具。但文物在经历过漫长的岁月后，其表面会附着大量富含 Si、Cl、Ca、Fe、S、P 等元素的污染物。单纯使用物理方法有时不能彻底清除这些污染物，此时就需要配合使用一些化学方法对这些污染物进行彻底清理。我们常常使用稀酸、弱酸和金属络合物作为化学清洗试剂，如稀硝酸和草酸、EDTA 二钠盐、六偏磷酸钠等。但这些清洗剂也会对金属本体产生一定的溶蚀，从而使文物表面产生或多或少的损伤。

为保护文物金属本体，清理时应采取先物理后化学的清洗方法，尽量少用酸、碱和络合物。化学清洗前要做局部实验筛选材料，目的是从反应动力学角度，让试剂优先与目标污染物反应，并控制浓度和反应时间，以尽量减弱对金属文物的腐蚀。

2. 对粘接方法选择的研究

金属文物大多数胎体厚重，有明显的金属光泽。多年前，许多传统铜器修复师多使用焊接的方法对金属文物，尤其是铜质文物进行连接，但经过多年的观察发现，焊料对金属文物的本体有很强的腐蚀性，严重影响了文物的寿命与安全。现如今，我们新一代文保工作者基于最小干预和兼容性原则，使用粘接的方法对残损金属文物进行连接，效果较好。所选用的粘接材料必须与文物材料的强度、性能相匹配，具体要求透明度高，耐老化黄变，不与金属本体反应，强度、硬度低于金属本体。常用无色的双组分环氧树脂胶做金属文物的粘接，在黄铜文物上亦是如此。环氧树脂固化后不溶于大部分溶剂，难于拆解，据可再处理性原则，可以在断面先涂一层溶剂型丙烯酸树脂隔离层，如 10% 的 B72/ 乙酸乙酯隔离层，晾干后再用环氧树脂粘接。通过这一操作，一方面可防止环氧树脂进入断面空隙后难于清除，另一方面也可通过乙酸乙酯溶解或低温加热实现拆解，如此就保证了文物保护修复的可逆性，需要特别提倡。

3. 对补配方法选择的研究

黄铜质文物的补配选择很直接，就是选用与文物合金成分尽可能相近的材料。

例如铅黄铜文物就使用铅黄铜板或块加以补配，各个金属成分的比例也要求尽可能接近文物的材料，如此就可以最大限度地实现文物的稳定性。在补配材料使用过程中，需尽可能加工成文物缺失部分的原状，以减少后期全色工序的工作量。

4. 对全色方法选择的研究

黄铜质文物表面覆盖有各类锈蚀产物，如果是稳定锈蚀，我们在保护修复过程中必须加以保留，而锈蚀的颜色是十分丰富的，我们需要在科技检测分析的基础上，尽可能选取与区域内锈蚀成分相同或相近的颜料。颜料尽量采用颗粒度与锈蚀产物相当、颜色鲜艳的无机颜料，如铬黄和铁蓝等；天然矿物颜料在蓝绿色系多为含铜矿物，颗粒较粗，容易产生乳浊感，修复时需要特别注意。在全色阶段可以考虑耐老化、不易发黄的丙烯酸涂料或硝基涂料，稀释后多层喷涂，笔涂时可根据实际需求，加入少量绢云母粉，以改善光泽度和鲜艳度，从而达到轻薄、自然的色泽，使补配部位更接近文物表面原有的质感。

五、讨论

我们对宁波博物馆藏宁波孔庙旧藏铜礼乐器的保护处理流程做了简单梳理，并在此基础上对铜质文物保护修复的现有技术手段提出了若干理解和取舍，以使其更适用于黄铜质文物的保护处理，也为今后此类文物的保护研究指明了方向。文物的保护、修复方法是一套成系统、有步骤的研究与操作过程，需要文保工作者在日常工作与学习中不断探索。

首先，要明确文物，尤其是铜质文物的保护与修复理念，并能坚持自己的职业操守，坚守基本原则，尽可能不受外界因素干扰。

其次，在对现有材料妥善应用的基础上，主动引进、开发新的文保材料。目前用于文保的材料大多是从其他行业移植改性而来，缺乏专门性，往往在可逆性、稳定性、耐老化上存在着各种缺陷，并非都适用于材质复杂的文物。因此，我们需要在最小干预的前提下，不断在众多材料中优中选优，采用稳妥的材料和技术解决问题。当然，这一筛选过程需充分的理论支持及实验室科学数据的支撑。新材料、新方法需要在反复试验、老化试验的基础上才能用于文物保护。

第三，努力探索新的检测分析手段在文博行业中的应用，总结、积累适用于黄铜文物科学检测的基础数据。例如俄歇电子能谱（AES）、X 射线光电子能谱（XPS）在文物成分分析中或许可以得到更加精确的结果，可作为目前流行的 X 射线荧光

（XRF）的补充与替代。

第四，文物保护是一门跨学科性极强的工作，需要各学科知识的积累，日常工作中经常会面临各种棘手的问题。作为从业者应当有意识地研究金属腐蚀机理及形成各种腐蚀产物所需要的条件，争取全面掌握减缓或控制黄铜腐蚀的方法，实现文物的青春常葆。

第五，文物预防性保护必须做在一切文物保护工作的最前面，因此对文物最佳保存环境的研究就显得至关重要。而与文物保护相关的环境因素包括温度、湿度、光线及大气污染物，预防性保护工作必须全盘考虑，重视跟踪监测、记录文物在各种环境下的腐蚀速率及变化数据，为预测文物寿命、控制腐蚀发展提供科学依据。

附记：从保护方案制定到具体的保护处理，再到在宁波博物馆建馆10周年原创特展“国之祀典——清代宁波孔庙祭祀礼乐器展”上的公开展示，本次清代孔庙旧藏铜礼乐器的保护研究工作历经1年3个月，累计完成123件铜器和24件竹木器的保护处理，其中三级文物达136件，取得了较好的效果。

5月18日国际博物馆日，我们还与新浪网合作，完成了一期“新方法、新公众：文物保护与修复”的网络直播，给广大观众提供了一次足不出户了解文物科技保护相关知识的机会。直播的反响强烈，累计观看量近120万。日后我们将持续关注这批珍贵文物，使其以更好的状态传于后世。

本次保护研究工作得到了上海博物馆文物保护科技中心吴来明主任、周浩副研究员、黄河馆员、张茗馆员的无私帮助。同时也得到了知名国乐演奏家、作曲家柴昀喆先生的大力支持，极大地扩展了我们文物科技保护研究的深度和广度，更好地诠释了礼乐器的文化内涵，真正做到了“让文物活起来”！特在此一并致谢！

后　记

宁波博物馆藏清代宁波府孔庙祭祀礼乐器具，和其他文物一样是一个实体、一种物质遗存的东西。但就其历史、艺术、科学等方面的价值来说，相较于别类的文物，又显得特殊。当然，我们并不能完全站在艺术或科学的角度去衡量它们的价值，它们更多的是在特定的孔庙环境中，连同庙宇内的一墙一瓦，将物质遗存、祭祀形态和乐舞文化融为一体，在传承礼乐之道以及儒学文化上，发挥出推波助澜的重要作用。

作为并未处于那段历史的人们，对于没有接触过或是没有遇见过的事物，都会抱着想去了解的心态，并试图去寻找一条可以体验的途径，到博物馆看展览就是其中之一。

为此，我们办展出书的美好愿景油然而生，历经几年创作及研究，“国之祀典——清代宁波孔庙祭祀礼乐器展”展陈脉络逐渐明朗。在工作过程中，感谢各位领导、专家对此次展览的高度重视和帮助，也感谢馆内同人集思广益，各施其才，极尽智慧。无论是内容文本撰写、陈列形式设计，还是展览现场制作，包括展品保护、研究、点交、布展等环节的纪录片拍摄等，团队均表现出强烈的工作责任心和使命感。“国之祀典——清代宁波孔庙祭祀礼乐器展”深入浅出地诠释了这批物质载体所凝聚的礼乐文化，超越时空，将一场生动鲜活的祭孔场景最终重现在世人面前，为世人探究宁波孔庙祭祀文化提供了非常宝贵的研究资料，让原先抽象的概念得以具象化。

最后，衷心感谢社会各界对本次展览的支持和肯定！

鲍亦程